Endlich Ferien!

Wie die Deutschen das Reisen entdeckten

Rüdiger Dingemann · Renate Lüdde

SO WAREN DIE 50ER-JAHRE

Endlich Ferien!

Wie die Deutschen das Reisen entdeckten

BUCHER

Endlich Ferien

Wohin man reiste:

Wie man reiste …

Mobiloil
TÜRKIYE
ZIRAI DONATIM KURUM
ÇIFTÇININ
HIZMETINDE
S-AU 50

Endlich Ferien

ODER URLAUB BRAUCHT DER MENSCH

Urlaub – das sind die schönsten Tage des Jahres, heißt es. Sie sollen Träume einer unbeschwerten Zeit erfüllen und immer gelingen. In der Nachkriegszeit gehörte der Wunsch nach unbeschwerten Ferien noch nicht zu den vorrangigsten Zielen, die man sich gesetzt hatte. Die Alltagsprobleme waren drängender. Erst nach der Wiederaufbauphase und der allmählich einsetzenden wirtschaftlichen Erholung sehnten sich die Menschen nach Urlaub unter südlicher Sonne: Mit dem Wirtschaftswunder kam die Italiensehnsucht und diese förderte darüber hinaus der Schlager. Nicht nur Rudi Schurickes »Capri-Fischer« spielten mit südlichen Sentiments. »O mia bella Napoli« oder »Wenn in Florenz die Rosen blühen« sowie viele andere Italien-Schlager boten eine Mischung aus melancholischer Liebesseligkeit und verkitschten Mittelmeer-Assoziationen. Sie halfen mit, von südlichen Gestaden zu träumen, an die man noch nicht hinfahren konnte. Heimische Küsten oder Berge, die wiederum prächtig und voller Klischees mit ans Herz gehenden Geschichten vom deutschen Heimatfilm in Szene gesetzt wurden, waren erste Reiseziele.

Was vom Lohn übrig blieb

Seit den 1950er-Jahren hatte bei Vollbeschäftigung und stagnierenden Lebenshaltungskosten die private Kaufkraft zugenommen. In die Wohnungen zogen neue Möbel und Elektrogeräte ein. Viele dachten schon an den Kauf eines Autos, und insbesondere ans Verreisen. Der vom »Vater des Wirtschaftswunders«, Ludwig Erhard, versprochene »Wohlstand für alle« beflügelte im wahrsten Sinne des Wortes auch die Reisebranche ...

1949 hatte es sehr bescheiden, geradezu karg begonnen. Niemand glaubte, dass sich dies innerhalb weniger Jahre zum Positiven hin verändern würde. Der tarifliche Stundenlohn in der Bundesrepublik lag zwischen 0,59 DM in der Landwirtschaft und 1,77 DM in der Bauwirtschaft, die Monatsgehälter betrugen zwischen 175 DM im Fleischerhandwerk und 531 DM in der Chemieindustrie, Lohnabschläge und niedrigere Frauen-Lohngruppen waren die Regel.

Erst 1952 setzte der Aufschwung ein, der über Jahre hinweg eine durchschnittliche Wachstumsrate von 6,3 Prozent brachte. Bedingt war dieser Boom auch durch den Koreakrieg. So konnte während der Zeit des Wirtschaftswunders die Arbeitslosenquote von 1950 von elf Prozent auf fast null

Oben: Titelseite eines DER-Katalogs: Der Urlaub-Ferienexpress im Zeichen des Schmetterlings auf der Windrose. Im Angebot waren Reisen vom Rhein (links) bis an die Sandstrände der Ost- und Nordfriesischen Inseln (rechts) oder zum Bodensee (links) oder nach Oberbayern, wo Urlaubern auch heimatliche Folklore geboten wird.

Linke Seite: »Wir beraten Sie gern« stand unter dem »Dreikäsehoch« mit dem Sonnenschirm in einem der Reise-Prospekte zu lesen. Derartige Schmuckabbildungen fanden sich häufig in den ersten Katalogen der damaligen »Ferienmacher«.

fallen, obwohl Millionen von Flüchtlingen und Vertriebenen nach Westdeutschland kamen. Auch die Erwerbsarbeit von Frauen hatte zugenommen. Von 1956 bis 1960 stiegen die Reallöhne im Schnitt bis zu 4,6 Prozent jährlich an. An dieser positiven wirtschaftlichen Entwicklung konnten auch die Rentner teilhaben. Ab 1957 wurden die Renten dynamisiert, das heißt die Renten wurden an die Einkommensentwicklung angepasst. Neben dem gesetzlichen Anspruch auf Erholungsurlaub war noch kein tariflich gesichertes Urlaubsgeld durchgesetzt worden. Das geschah erst 1964.
Seit 1954 erhielt der Öffentliche Dienst erstmals eine tarifliche Sonderzahlung: das Weihnachtsgeld. Für die Angestellten und Arbeiter in der Industrie, dem Handwerk und im Dienstleistungsgewerbe kam es erst in den 60er-Jahren. 1956 senkte man die wöchentliche Arbeitszeit von 48,6 auf 45 Stunden. Ein Jahr später beschloss die Zigarettenindustrie sogar schon die 40-Stunden-Woche und ab 1959 gab es im Steinkohlenbergbau, kurze Zeit später auch bei den Versicherungen und Banken die 5-Tage-Woche.
In der zweiten deutschen Republik wurde mit dem Befehl der Sowjetischen Militäradministration in Deutschland (SMAD) vom 16. Mai 1946 der »Anspruch auf bezahlten Urlaub für Arbeiter und Angestellte« in der Sowjetischen Besatzungszone (SBZ) angeordnet. Der im Februar 1946 gegründete Freie Deutsche Gewerkschaftsbund (FDGB) beschloss daraufhin am 20. März 1947 einen eigenen Feriendienst mit der Bezeichnung »Ferienheime des FDGB«. Der »Ferienpreis« in den Urlaubs- und Erholungsstätten der Werktätigen sollte einheitlich sein und »so niedrig als möglich«. Alle FDGB-Mitglieder und ihre Familienangehörigen konnten in den Ferien- und Vertragsheimen Urlaub machen. In der DDR-Verfassung vom Oktober 1949 wurde in Artikel 16 (Absatz 1) das Recht jedes Arbeitenden »auf Erholung, auf jährlichen Urlaub gegen Entgelt, auf Versorgung bei Krank-

heit und im Alter« festgeschrieben. Dieses verfassungsmäßige Recht kannte die Bundesrepublik Deutschland nicht.

Westdeutsche Arbeitnehmer hatten Anspruch auf drei Wochen Urlaub im Jahr und bringen damit die Reisewelle in Schwung. Meistens verbrachte man die Ferien noch in heimischen Gefilden an der Nord- oder Ostseeküste, in den Mittelgebirgen, im Schwarzwald oder im bayerischen Alpenvorland. Das Reisen mit Bus oder Zug hatte Hochkonjunktur, denn noch nicht alle konnten sich ein eigenes Auto leisten. Wer schon stolzer Autobesitzer war, entdeckte das preiswerte Camping, ob im Zelt, mit Wohnwagen oder im Wohnmobil.

Konsumwelle und Kino machten Reiselust

Im Laufe der Jahre verbrachte man Urlaub und Schulferien nicht mehr unmittelbar in Heimatnähe oder bei der »buckligen« Verwandtschaft auf dem Land, sondern viele suchten fernere Ziele. Bald verbrachte jeder dritte Deutsche einmal im Jahr seine Ferientage in Pensionen oder Ferienheimen.

Das deutsche Nachkriegskino bediente diese Wünsche mit schwungvollen Unterhaltungs- und Heimatfilmen, die ein Spiegelbild der gesellschaftlichen Tendenzen der 50er-Jahre auf Zelluloid bannten. Hier wurden den Mühen und Sorgen des Alltags glückliche, idyllische Bilder eines anderen Lebens gegenüber gestellt, das gar nicht so weit weg lag: die romantische, heile, noch intakte Welt der Natur. Kriegsruinen wollte man im Kino nicht sehen. Der wurde Balsam für die wund gescheuerten Seelen. Im Kino konnte man Anteil nehmen am Schicksal des »Schwarzwaldmädel« (1950) oder der »Vier Mädels aus der Wachau« (1957). In »Immer die Radfahrer« (1958) begleitete man Heinz Erhardt, Hans-Joachim Kulenkampff und Wolf Albach-Retty auf einer Fahrradtour durch das Kärntner Land. Peter Kraus darf den verwöhnten Fabrikantensohn spielen, der es natürlich vorzieht, mit seiner Freundin in einem Cabriolet in die Berge zu fahren. Daneben waren vor

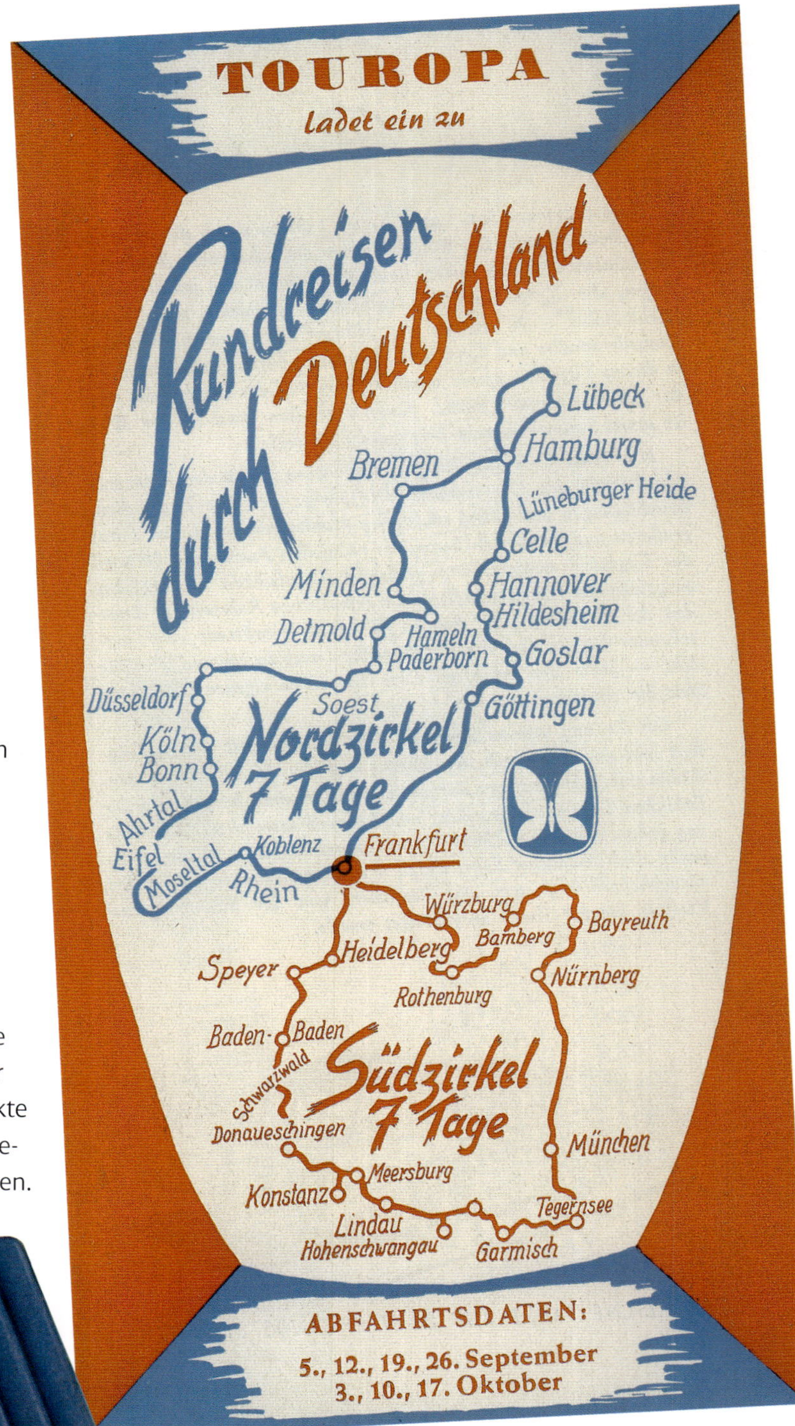

»Kaum irgendwo sonst in der Welt ist so viel Schönes so nahe beieinander zu finden wie bei einer Bus-Rundreise«, hieß es 1954 in einem TOUROPA-Reiseprospekt für eine siebentägige Nord- oder Süd-»Zirkel«-Reise. – Eine Luftmatratze brauchte man für eine Busreise nicht, aber für die Badestrände.

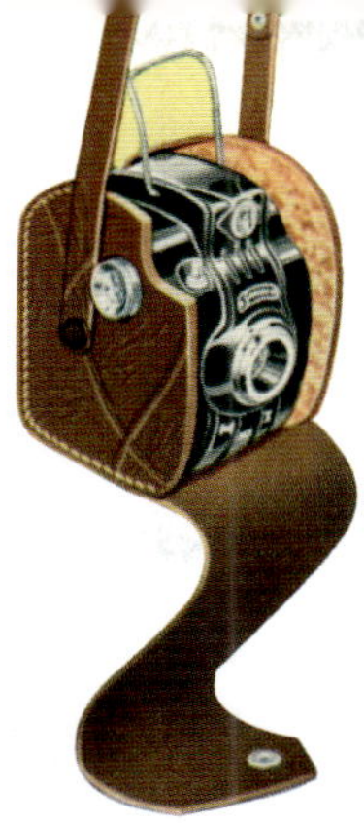

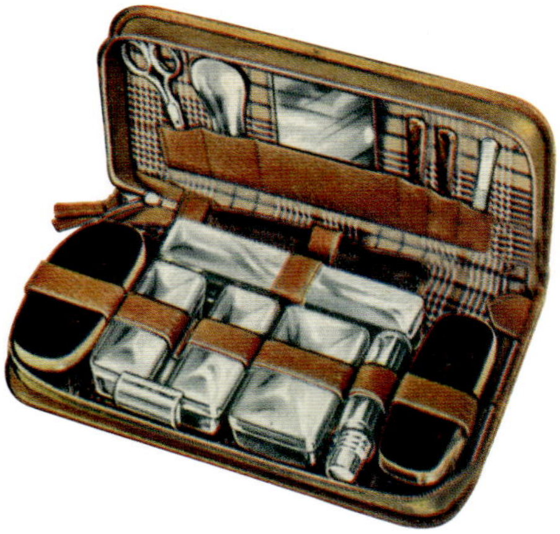

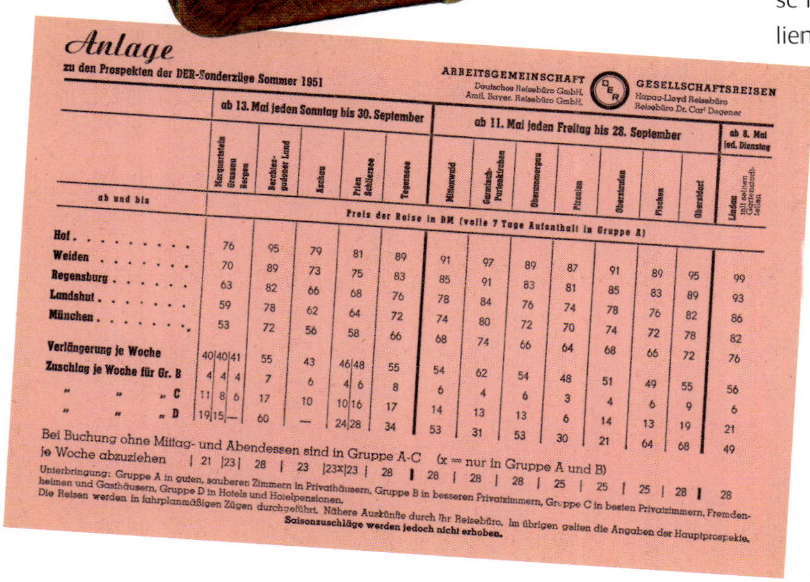

Anlage
zu den Prospekten der DER-Sonderzüge Sommer 1951

ARBEITSGEMEINSCHAFT
Deutsches Reisebüro GmbH.
Amtl. Bayer. Reisebüro GmbH.

GESELLSCHAFTSREISEN
Hapag-Lloyd Reisebüro
Reisebüro Dr. Carl Degener

	ab 13. Mai jeden Sonntag bis 30. September					ab 11. Mai jeden Freitag bis 28. September							ab 8. Mai jed. Dienstag
ab und bis	Marquartstein Grassau Bergen	Berchtes-gadener Land	Aschau	Prien Schliersee	Tegernsee	Mittenwald	Garmisch-Partenkirchen	Oberammergau	Pfronten	Oberstaufen	Fischen	Oberstdorf	Lindau mit seinen Gartenstadt-teilen
	Preis der Reise in DM (volle 7 Tage Aufenthalt in Gruppe A)												
Hof	76	95	79	81	89	91	97	89	87	91	89	95	99
Weiden	70	89	73	75	83	85	91	83	81	85	83	89	93
Regensburg	63	82	66	68	76	78	84	76	74	78	76	82	86
Landshut	59	78	62	64	72	74	80	72	70	74	72	78	82
München	53	72	56	58	66	68	74	66	64	68	66	72	76
Verlängerung je Woche	40 / 40 / 41	55	43	46 / 48	55	54	62	54	48	51	49	55	56
Zuschlag je Woche für Gr. B	4 / 4 / 4	7	6	4 / 6	8	6	4	6	3	4	6	9	6
„ „ „ C	11 / 8 / 6	17	10	10 / 16	17	14	13	13	6	14	13	19	21
„ „ „ D	19 / 15 / —	60	—	24 / 28	34	53	31	53	30	21	64	68	49
Bei Buchung ohne Mittag- und Abendessen sind in Gruppe A-C je Woche abzuziehen (x = nur in Gruppe A und B)	21 / 23	28	23	23x / 23	28	28	28	28	25	25	25	28	28

Unterbringung: Gruppe A in guten, sauberen Zimmern in Privathäusern, Gruppe B in besseren Privatzimmern, Gruppe C in besten Privatzimmern, Fremdenheimen und Gasthäusern, Gruppe D in Hotels und Hotelpensionen.
Die Reisen werden in fahrplanmäßigen Zügen durchgeführt. Nähere Auskünfte durch Ihr Reisebüro. Im übrigen gelten die Angaben der Hauptprospekte.
Saisonzuschläge werden jedoch nicht erhoben.

Von oben nach unten: Die Gnos-Dix-Box machte 4-x-6,5-Bilder, hatte einen »optischen Durchblicksucher« und die »Plastic-Bereitschaftstasche« konnte an einem verstellbaren Riemen getragen werden. Preis: DM 9,90. – Im Gepäck durfte auch das Reise-Necessaire nicht fehlen. – Die Preisliste der DER-Sonderzüge für die Sommersaison 1951 galt für einen »vollen 7-Tage-Aufenthalt«.

allem leichte Komödien und Musikfilme zu sehen, wobei das Reisen thematisiert wurde. Ständig waren Filmhelden wie Freddy Quinn unterwegs. Der Kinobesucher konnte sich mit Stars wie Maria Schell, Liselotte Pulver, Curd Jürgens, O. W. Fischer, Heinz Rühmann oder Hans Albers identifizieren und zugleich auch an ihren Reisen teilhaben. Hans Albers fabulierte von fernen Ländern und sang dazu »La Paloma olé«. So sind der deutsche Schlager und der Film jener Jahre eng mit der Tourismusgeschichte der Deutschen verbunden, bedienten sie doch die Träume von einem anderen Leben.

Bella Italia

Italien diente als beliebte Filmkulisse – doch auch anderweitig gab es zahlreiche Hinweise auf das Land, wo die Zitronen blühen. Ohne Furcht vor Klischees bediente man die Sehnsucht nach Arkadien, inszenierte blauen Himmel und Happy-End. Heißblütige Südländer in rot-weißem Ringelhemd umschwärmten junge blonde Frauen. Als passendes Ambiente diente nicht selten ein romantischer Hafen oder ein kleines Boot, das auf den Wellen des Meeres unter strahlender Sonne schaukelte. Unbeschwerte Heiterkeit war Programm. Film-Italien versprach Palmen am blauen Meer und ein leichtes bis mondänes Leben. Ostdeutsche Filmproduktionen klammerten Italien aus, da dies eine Reise ins »feindliche westliche« Ausland bedeutet hätte, was DDR-Bürgern verwehrt war.

Zunächst waren jedoch Auslandsreisen für die überwiegende Mehrheit der Deutschen in Ost und West mehr Traum als Wirklichkeit. Erst allmählich wagten sich immer mehr nach Österreich und Italien. Wer seinen Urlaub im Ausland verbringen wollte, brauchte ein Visum und natürlich Devisen, derer Beschaffung nicht so einfach war. Denn Devisen wurden für den Wiederaufbau benötigt. Erst ab 1954 erleichterte man die Urlaubs-Devisenbeschaffung beziehungsweise den Umtausch größerer Geldbeträge in Fremdwährungen. Maximal 1500 DM durfte man einwechseln. Zu diesem Zeitpunkt waren die Bürger der jungen Bundesrepublik im europäischen Ausland sehr willkommen und beim Grenzübertritt wurde bereits auf Sichtvermerke verzichtet. Dies galt jedoch nur für Bürger der Mitgliedsstaaten des Europarates. 1958 waren die Reiseausgaben der Deutschen erstmals höher als die Deviseneinnahmen.

Ob an Nord- oder Ostsee, ob auf Sylt oder Rügen, ob in West- oder Ostdeutschland, das Sandburgenbauen gehört zu der ausgiebigsten Beschäftigung, seitdem der Strandurlaub auf der Beliebtheitsskala der Ferienziele ganz oben steht. Das Feld wird am besten mit einem Stecken oder mit Handtüchern markiert und dann kann es mit dem Buddeln und Bauen der Burg losgehen.

Wohin man reiste ...

DIE REISEZIELE DER 50ER-JAHRE

Die Ferien wurden in der unmittelbaren oder nächsten Umgebung verbracht. Weite Reisen gaben die Urlaubsbudgets noch nicht her. Deshalb lockten Reiseveranstalter mit kostengünstigen Anreise- und Unterkunftsangeboten. Neben Mittelgebirgen und dem Voralpenland waren vor allem die heimischen Küsten an Ost- und Nordsee seit dem 19. Jahrhundert bevorzugte Ferienziele für diejenigen, die sich einen Wander- oder Badeurlaub erlauben konnten. Während der 50er-Jahre setzte ein regelrechter Boom mit Familienurlauben in den inzwischen traditionsreichen Fremdenverkehrsorten ein.

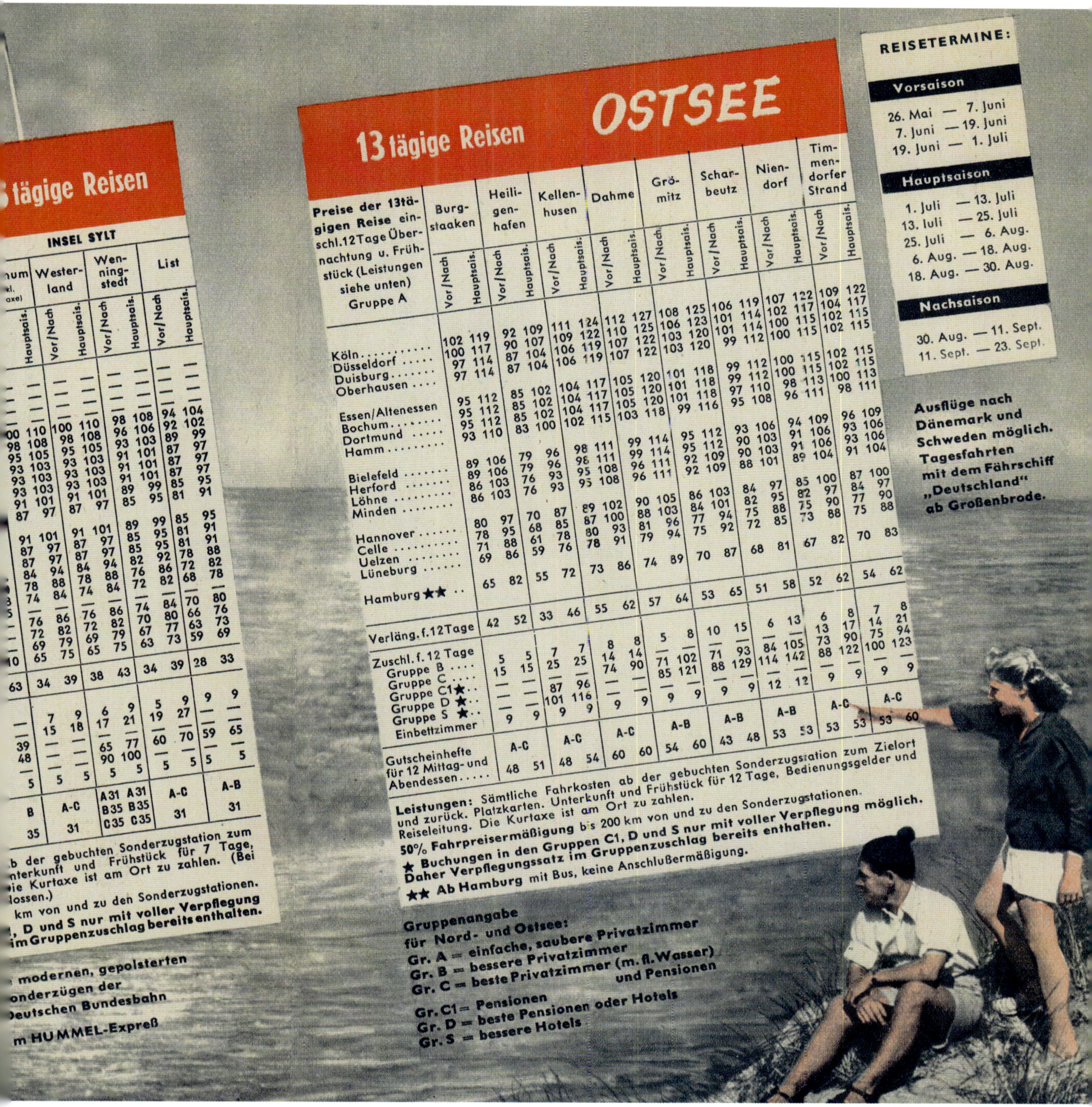

…tägige Reisen

INSEL SYLT

	(…) Hauptsais.	…num (…kl. …axe) Vor/Nach	…num Hauptsais.	Westerland Vor/Nach	Westerland Hauptsais.	Wenningstedt Vor/Nach	Wenningstedt Hauptsais.	List Vor/Nach	List Hauptsais.
		—	—	—	—	—	—	—	—
		—	—	—	—	—	—	—	—
		—	—	—	—	—	—	—	—
		—	—	—	—	—	—	—	—
		…00	110	100	110	98	108	94	104
		98	108	98	108	96	106	92	102
		95	105	95	105	93	103	89	99
		93	103	93	103	91	101	87	97
		93	103	93	103	91	101	87	97
		93	103	93	103	91	101	87	97
		91	101	91	101	89	99	85	95
		87	97	87	97	85	95	81	91
		91	101	91	101	89	99	85	95
		87	97	87	97	85	95	81	91
		87	97	87	97	85	95	81	91
		84	94	84	94	82	92	78	88
		78	88	78	88	76	86	72	82
		74	84	74	84	72	82	68	78
		—	—	—	—	—	—	—	—
		76	86	76	86	74	84	70	80
		72	82	72	82	70	80	66	76
		69	79	69	79	67	77	63	73
	…10	65	75	65	75	63	73	59	69
	…63	34	39	38	43	34	39	28	33
	—	7	9	6	9	5	9	9	9
	—	15	18	17	21	19	27	—	—
	39	—	—	—	—	—	—	—	—
	48	—	—	65	77	60	70	59	65
	—	—	—	90	100	—	—	—	—
	5	5	5	5	5	5	5	5	5
	B 35	A-C 31		A31 B35 C35	A31 B35 C35	A-C 31		A-B 31	

…b der gebuchten Sonderzugstation zum
…nterkunft und Frühstück für 7 Tage,
…ie Kurtaxe ist am Ort zu zahlen. (Bei
…lossen.)
… km von und zu den Sonderzugstationen.
…, D und S nur mit voller Verpflegung
…im Gruppenzuschlag bereits enthalten.

… modernen, gepolsterten
…onderzügen der
…eutschen Bundesbahn
…m HUMMEL-Expreß

13 tägige Reisen OSTSEE

Preise der 13tägigen Reise einschl. 12 Tage Übernachtung u. Frühstück (Leistungen siehe unten) Gruppe A	Burgstaaken Vor/Nach	Burgstaaken Hauptsais.	Heiligenhafen Vor/Nach	Heiligenhafen Hauptsais.	Kellenhusen Vor/Nach	Kellenhusen Hauptsais.	Dahme Vor/Nach	Dahme Hauptsais.	Grömitz Vor/Nach	Grömitz Hauptsais.	Scharbeutz Vor/Nach	Scharbeutz Hauptsais.	Niendorf Vor/Nach	Niendorf Hauptsais.	Timmendorfer Strand Vor/Nach	Timmendorfer Strand Hauptsais.
Köln	102	119	92	109	111	124	112	127	108	125	106	119	107	122	109	122
Düsseldorf	100	117	90	107	109	122	110	125	106	123	101	114	102	117	104	117
Duisburg	97	114	87	104	106	119	107	122	103	120	101	114	100	115	102	115
Oberhausen	97	114	87	104	106	119	107	122	103	120	99	112	100	115	102	115
Essen/Altenessen	95	112	85	102	104	117	105	120	101	118	99	112	100	115	102	115
Bochum	95	112	85	102	104	117	105	120	101	118	99	112	100	115	102	115
Dortmund	95	112	85	102	104	117	105	120	101	118	97	110	98	113	100	113
Hamm	93	110	83	100	102	115	103	118	99	116	95	108	96	111	98	111
Bielefeld	89	106	79	96	98	111	99	114	95	112	93	106	94	109	96	109
Herford	89	106	79	96	98	111	99	114	95	112	90	103	91	106	93	106
Löhne	86	103	76	93	95	108	96	111	92	109	90	103	91	106	93	106
Minden	86	103	76	93	95	108	96	111	92	109	88	101	89	104	91	104
Hannover	80	97	70	87	89	102	90	105	86	103	84	97	85	100	87	100
Celle	78	95	68	85	87	100	88	103	84	101	82	95	82	97	84	97
Uelzen	71	88	61	78	80	93	81	96	77	94	75	88	75	90	77	90
Lüneburg	69	86	59	76	78	91	79	94	75	92	72	85	73	88	75	88
Hamburg ★★	65	82	55	72	73	86	74	89	70	87	68	81	67	82	70	83
Verläng. f. 12 Tage	42	52	33	46	55	62	57	64	53	65	51	58	52	62	54	62
Zuschl. f. 12 Tage Gruppe B	5	5	7	7	8	8	5	8	10	15	6	13	6	8	7	8
Gruppe C	15	15	25	25	14	14	—	—	—	—	—	—	13	17	14	21
Gruppe C1 ★	—	—	—	—	74	90	71	102	71	93	84	105	73	90	75	94
Gruppe D ★	—	—	87	96	—	—	85	121	88	129	114	142	88	122	100	123
Gruppe S ★	—	—	101	116	—	—	—	—	—	—	—	—	—	—	—	—
Einbettzimmer	9	9	9	9	9	9	9	9	9	9	12	12	9	9	9	9
Gutscheinhefte für 12 Mittag- und Abendessen	A-C 48	51	A-C 48	54	A-C 60	60	A-B 54	60	A-B 43	48	A-B 53	53	A-C 53	53	A-C 53	60

Leistungen: Sämtliche Fahrkosten ab der gebuchten Sonderzugstation zum Zielort und zurück. Platzkarten. Unterkunft und Frühstück für 12 Tage, Bedienungsgelder und Reiseleitung. Die Kurtaxe ist am Ort zu zahlen.

50% Fahrpreisermäßigung bis 200 km von und zu den Sonderzugstationen.

★ Buchungen in den Gruppen C1, D und S nur mit voller Verpflegung möglich. Daher Verpflegungssatz im Gruppenzuschlag bereits enthalten.

★★ Ab Hamburg mit Bus, keine Anschlußermäßigung.

Gruppenangabe für Nord- und Ostsee:
Gr. A = einfache, saubere Privatzimmer
Gr. B = bessere Privatzimmer
Gr. C = beste Privatzimmer (m. fl. Wasser) und Pensionen
Gr. C1 = Pensionen
Gr. D = beste Pensionen oder Hotels
Gr. S = bessere Hotels

REISETERMINE:

Vorsaison
26. Mai — 7. Juni
7. Juni — 19. Juni
19. Juni — 1. Juli

Hauptsaison
1. Juli — 13. Juli
13. Iuli — 25. Juli
25. Juli — 6. Aug.
6. Aug. — 18. Aug.
18. Aug. — 30. Aug.

Nachsaison
30. Aug. — 11. Sept.
11. Sept. — 23. Sept.

Ausflüge nach Dänemark und Schweden möglich. Tagesfahrten mit dem Fährschiff „Deutschland“ ab Großenbrode.

Ferien in der Heimat

VON DER KÜSTE IN DIE BERGE

»Entdecken Sie Deutschland« lautete eine Werbekampagne der Reiseveranstalter der sehr beliebten Busrundreisen. Die Fahrten gingen »durch die schönsten Teile Deutschlands« vom Norden »voll Weiträumigkeit und der Romantik des Rheins und der Mosel« bis in den Süden mit seinem »zauberhaften Barock, den bayerischen Bergen und der lieblichen Landschaft Frankens und Baden-Württembergs«.

Wenn man nicht mit dem Reisebus oder schon mit dem eigenen Wagen unterwegs war, nahm man den Zug. Für den Gast sollte der Urlaub schon mit der Abfahrt seines »Ferienexpress« beginnen, völlig unabhängig vom Ziel der Reise: »Tage heiteren unbeschwerten Lebensgenusses« waren gebucht.

Geradezu volksaufklärerisch informierte die Tourismusbranche über die Vorteile eines Urlaubs an der Nord- oder Ostseeküste: Denn hier schenken die Sonne und das Meer »in kürzester Zeit körperliche Erholung und seelische Entspannung«. Dazu würden die »innige Naturverbundenheit (im) steten Rhythmus von Ebbe und Flut und dem ewig bewegten Spiel der Wellen« beitragen, denn das milde Seeklima und die »staubfreie, salz- und jodhaltige Hochseeluft« böten »Heil- und Stärkungsfaktoren von unübertrefflicher Wirkung«.

In den 50er-Jahren setzte der Familienurlaub ein. An der Nordsee fuhr man vor allem auf die Inseln Borkum, Juist, Norderney, Langeoog, Wangerooge oder nach Cuxhaven, Wilhelmshaven, St.-Peter-Ordung nach Westerland und List auf Sylt und nach Wyk auf Föhr.

Vorhergehende Doppelseite: Vielfältige 8- oder 13-tägige Angebote für die beliebtesten Nord- und Ostsee-Ferienorte.

An der Ostsee waren die beliebtesten Ferienziele Büsum, Travemünde, Niendorf, Scharbeutz, Grömitz, Dahme, Kellenhusen, Heiligenhafen und Burg auf Fehmarn.

Wenn es in die Berge gehen sollte, konnte die Tourismuswerbung der 50er-Jahre nicht auf den am meisten besuchten Urlaubsort verzichten: Ruhpolding in Oberbayern. Hier wurde dem Gast »Urwüchsigkeit mit gepflegter Gastronomie« geboten. Die Feriengäste wollten noch in erster Linie Erholung und Ruhe, aber man genoss auch eine »reiche Fülle an Abendunterhaltungen« wie Heimat- und Schuhplattlerabende, Konzerte und Tanzveranstaltungen. Das Kurhaus war der gesellschaftliche Mittelpunkt und bot ein behaglich eingerichtetes Gesellschaftszimmer.

Oben: Postkarten vom Lautersee bei Mittenwald und aus Garmisch-Partenkirchen.

Rechte Seite: Beim Strandurlaub an der Nord- oder Ostseeküste waren die Strandkörbe bereits heiß begehrt.

9
655

Anfang der 50er-Jahre symbolisierte man die inner(west)deutschen Reiseziele gern durch landestypische Vignettenmotive. Die Ferienorte lagen vor allem an den großen Bahnstrecken, auf denen der DER-Ferienexpress seine Fahrgäste kostengünstig und schnell befördern konnte. Die größte Anzahl der Abfahrtsbahnhöfe lag in Nordrhein-Westfalen. Die Reiseziele lagen vor allem mehr im Süden als im Norden.

Oben: Auf der Überfahrt nach Borkum, der westlichsten und größten der sieben Ostfriesischen Inseln, lassen sich die Möwen, obwohl strengstens untersagt, gern von Passagieren füttern. – Rechts: Segelboote bei lebhafter Brise vor Wyk auf Föhr: »Frohes Spiel und lachende Lebensfreunde« versprach der Prospekt für das Nordsee-Reiseangebot der DER 1951.

Für Ferien am Meer warb man vor allem auch unter gesundheitlichen Aspekten. So erläuterte ein Reisekatalogtext geradezu volksaufklärerisch: »Sonne und See schenken in kürzester Zeit körperliche Erholung und seelische Entspannung.« Denn »keine andere Landschaft schenkt aber auch eine so innige Naturverbundenheit wie das Meer und seine Küste mit dem steten Rhythmus von Ebbe und Flut und dem ewig bewegten Spiel der Wellen. Das milde Seeklima und die staubfreie, salz- und jodhaltige Hochseeluft sind Heil- und Stärkungsfaktoren von unübertrefflicher Wirkung.«

Links: Auf der kleinsten Maschine findet alles Platz, was man zu einem Campingurlaub zu viert so braucht. Die Ausstattung ist auf das Notwendigste reduziert.
Oben: Für das Essen auf dem Zeltplatz gleich hinter den Dünen werden mit aufgelesenen Brettern und Kisten sofort Tisch und Bänke improvisiert. Wozu braucht man da noch teures und sperriges Campinggestühl, das auf dem Motorroller oder dem Motorrad eh keinen Platz mehr gefunden hätte. Für junge DDR-Bürger war Zelten an der Ostsee sehr beliebt, doch »wild Campen« war eine riskante Sache ...

Oben: Ein Frühstück unter freiem Himmel schmeckt besonders gut. Campingplätze waren in der DDR während der Sommerferien überlaufen; auch wenn es auf dem obigen Bild noch Platz für ein paar Zelte zu geben scheint. – Links: Für einen Zeltplatz in der Ferienzeit musste man sich mindestens ein halbes Jahr vorher anmelden.

Oben: Zelte waren in der DDR Mangelware. So nahm manch einer auch ein wasserdurchlässiges Zelt in Kauf: immer noch besser als gar keins. Und die Nassrasur war Normalität, nicht nur auf dem Campingplatz. Rasierapparate mit Batterie gab es noch nicht und mit Stromanschlüssen war es auf den Plätzen sowieso nicht weit her.

Links: Städtetouren wurden erst allmählich beliebt. In Heidelberg bot sich neben dem Bummel durch die Altstadt und dem Besuch des Schlosses eine Kahnpartie auf dem Neckar an. – Oben: Und man schrieb vor allem Postkarten. Die Karte aus Stuttgart zeigt die Neue Weinsteige. Sie wurde 1831 gebaut und verbindet die südlichen Gemeinden miteinander. Bis 1922 wurde Zoll- und Pflastergeld für die Benutzung erhoben. – Mitte: Auf der Postkarte aus Darmstadt ist der Rokoko-Garten des Prinz-Georg-Palais' abgebildet. Da im Palais die Großherzoglich-Hessische Porzellansammlung untergebracht ist, wird es auch das »Porzellanschlösschen« genannt.

Links und rechts unten: Brauchtum und Trachten fehlten in fast keinem Reiseprospekt. So wurden die deutschen Weinregionen an Mosel und Rhein werbelyrisch gefeiert: »Des Vater Rhein liebliche, weinfrohe Tochter ist die Mosel. Jeder ihrer zahlreichen Ortsnamen hat auf der Weinkarte einen guten Klang. Immer neue Bilder voller Stimmung und Schönheit zeigt der krümmungsreiche Lauf des Flusses. Ehrwürdige Burgen und trutzige Ruinen thronen auf rebenumkränzten Höhen. Trauliche Dörfer und Städte, reizende Marktflecken, winkelige Gassen und einladende Weinschenken sind überall zu finden« (rechte Seite).
Oben: Dagegen begegnet der Gast im Kurhaus von Baden-Baden, ob bei einem Konzert oder bei einem Ball, im Kasino oder bei einem festlichen Dinner, der »großen Welt«, umgeben von der Eleganz der Belle Époque.

Rechts: Die sehr gut erhaltene mittelalterliche Altstadt mit ihren verträumten Gässchen, kleinen Plätzen und schmucken Fachwerkhäusern haben Rothenburg zu einem touristischen Anziehungspunkt gemacht. Sie gilt neben Heidelberg als die typischste deutsche Kleinstadt. Links in der Herrengasse ragt die Franziskanerkirche auf.

Oben: Auch wenn der Ausflug ins Grüne ging, mussten die Kinder ihre fesche Sonntagskleidung anziehen.

Prospekte, Prospekte, Prospekte

WIE MAN TRÄUME VERKAUFT

Die Reiseprospekte – von Katalogen, wie wir sie heute kennen, konnte noch nicht die Rede sein – versprachen, die schöne weite Welt stünde jedermann zur Verfügung. Man könne »überall dorthin [gehen], wo Menschen sich im Urlaub für einige Wochen ganz vom Alltag lösen möchten!«.
Buchte man eine Reise bei einem der Veranstalter (TOUROPA, Hum-

mel, Scharnow oder DER), so fand der Urlauber – laut Prospekt – Ferienglück allerorten. Obwohl nur wenige Fernziele im Programm waren, offerierte eine Weltkugel die attraktivsten Länder und Orte. Fotos finden sich noch selten als Titelmotive, am häufigsten sind Zeichnungen. So sind idealisierte Berglandschaften zu sehen, davor ein glitzernder See, auf dem ein einsames Segelboot kreuzt. Die Botschaft: Hier kann man die Seele baumeln lassen.

Eine Bikini-Schönheit auf einem Titelblatt oder auf den Prospektseiten war schon der höchste Grad der Verwegenheit, wenn man bedenkt, dass an den italienischen Stränden der Bikini offiziell erst in den 60er-Jahren erlaubt war.
Der Katalogtext schwärmt von einem Urlaub, der für jeden erschwinglich ist, von der Frühlingssonne, die die »ersten wärmenden Strahlen schenkt« und in »un-

serem Blut die Reiselust [zu] prickeln« lässt, von »Ferienträume(n) werden wach«, von »lachendem blauem Himmel«, von »Wald, Berg und See«, und schließlich von

Noch arbeiteten die Ferienmacher in der Titelgestaltung der Prospekte mit vielfältigen und aufwendigen grafischen Elementen. Animative Fotografien, die wirklich zeigen, »wie es ist« im Urlaub, lösten erst später die Illustrationen ab.

»fröhlichem Wandern und süßem Nichtstun in erholsamer Stille«. Man wagt Neues mit der »modernen Gesellschaftsreise, die keinen Zwang kennt, sondern am Ferienort volle Freizügigkeit und individuelle Urlaubsgestaltung sichert«.

Die Mädels von Seite eins

Links oben: Von der Sonne verwöhnte Trauben schicklich genascht. Mit einem derartigen Motiv lässt sich bis heute besonders gut für Weinregionen werben. Oben: Keck, in fescher Sommerbluse und luftigem Faltenrock: angekommen in Arkadien. – Links: 1959 nannte TOUROPA den Urlaubsreisen-Katalog »Ferienführer«. Bayerisches Ambiente war und ist als Titelmotiv immer brauchbar. Dazu dreht eine junge »Fremdenführerin« in Tracht an einem Bauernhaus-Wetterhäuschen. Die Botschaft: Urlaub in vertrauten Gefilden.

HAUPTSACHE FOTOGEN – ODER ZUR ÄSTHETIK DER ANIMATION

»Neuer Weg in die Ferien – Urlaub für jeden erschwinglich« verspricht der Katalog und schwärmt von der Frühlingssonne, die die »ersten wärmenden Strahlen schenkt« und in »unserem Blut die Reiselust zu prickeln« beginnt: »Ferienträume werden wach von lachendem blauem Himmel, von Wald, Berg und See, von fröhlichem Wandern und süßem Nichtstun in erholsamer Stille.« Die Reiseveranstalter »weisen einen neuen Weg der Erfüllung, die moderne Gesellschaftsreise, die keinen Zwang kennt, sondern am Ferienort volle Freizügigkeit und individuelle Urlaubsgestaltung sichert«.

Unten: In Italien war der Bikini erst in den 60er-Jahren offiziell erlaubt; an der Nordsee sah man ihn umso häufiger. Obwohl es bereits in der Antike zweiteilige Bademoden gab, wird der Beginn seiner Geschichte auf das Jahr 1946 datiert: Wenige Tage nach Atombombentests auf dem Bikini-Atoll (»Land der Kokosnüsse«) hatte der Pariser Modemacher Louis Réard das Model Micheline Bernardini mit nur vier kleinen Stoffdreiecken bekleidet über den Laufsteg geschickt.

In den Anfängen der FDGB-Ferienheime standen zunächst nur wenige Betten zur Verfügung. 1947 nutzten nur 17 500 Werktätige die Angebote. Gewerkschaftseigene Ferienhäuser gab es kaum; untergebracht wurden die Urlaub machenden Werktätigen vor allem in Vertragshäusern. Das waren in der Regel Gasthäuser, die vom FDGB angemietet wurden. Das FDGB-Urlaubsangebot wurde jedoch eine Erfolgsgeschichte, die auch propagandistisch genutzt wurde: Mit Stolz wies man 1954 auf einem Wahlplakat der Nationalen Front auf die Statistik der Ferienheime der letzten Jahre hin.

Rechts oben: Die Wartburg-Werbung war sicherlich nicht mehr als eine Idealisierung der Freizeit-Aktivitäten in der DDR. Realität war der FDGB-Feriendienst. – Rechts unten und oben: In der DDR-Verfassung (1949) schrieb man in Artikel 16 (Absatz 1) das Recht jedes Arbeitenden »auf Erholung, auf jährlichen Urlaub gegen Entgelt« fest. Dieses verfassungsmäßige Recht kannte die Bundesrepublik Deutschland nicht.

Links oben: 1955 kostete eine Woche Oberbayern, Anreise von Hamburg mit Unterbringung bei »Vollverpflegung« in einem Privatzimmer nur 141 DM, während man für die Hin- und Rückfahrt bei der Bahn regulär bereits 118 DM berappen musste.
Rechts oben: Skier, die Stiefel geschnürt und der »Matchbeutel« gepackt. Mehr brauchte man nicht für ein paar Tage Skiurlaub.
Rechts unten: Eine Gasse in Mittenwald, berühmt für seine Lüftlmalerei: Doch 1953 hatte man noch nicht alle Hausfassaden mit der traditionellen Malerei wieder so schmücken können.

Rechte Seite: Spuren im Schnee und ein beschauliches Bergdorf. Ganz so idyllisch war der Winterurlaub in den Bergen auch zu dieser Zeit schon nicht mehr.

FERIEN WIE NOCH NIE
TOUROPA
TOUROPA
FERN-EXPRESS
BAYERISCHE ALPEN · SCHWARZWALD · ÖSTERREICH · ITALIEN · SCHWEIZ

Winterzauber im Erzgebirge: Scheinbar allein auf weiter weißer Flur genießt man die herrliche Winterlandschaft, den Blick über die verschneiten Hügel und Täler. Für DDR-Bürger gab es nur die zu ihrem Staatsgebiet gehörenden Mittelgebirge und die der angrenzenden »befreundeten« sozialistischen Staaten. Die Alpen-Gletscher, das Ski-Eldorado der »Westler« blieb ihnen von Staats wegen verwehrt. Trotz dieser widrigen Umstände schafften es viele DDR-Sportler, in einigen Wintersportarten an die Weltspitze zu gelangen.

Links oben: Die Postkarte aus der Jachenau, einem Tal zwischen Bad Tölz und dem Walchensee, ist ein über 50 Jahre altes Zeitdokument. Sie könnte auch heute aufgenommen sein, denn im Gegensatz zu anderen Orten widerstand man den vielfältigen baulichen Verlockungen, die aus dem Tourismus entspringen. Links unten: Eine Postkarte aus Bad Reichenhall mit der Kabine der 1927/28 gebauten Predigtstuhlbahn, der ältesten Großkabinenseilbahn der Welt. – Rechts oben: Das Schwarzwälder Höllental nahe des Titisees. – Rechts unten: Schwarzwald-Idylle pur: Ein Bauernhof in einem besonders ruhigen, nach Süden offenen Hochtal des Feldberggebietes, ohne Durchgangsverkehr.

In den 50er-Jahren war Ruhpolding am Fuß des wuchtigen Rauschenbergs einer der meistbesuchten Urlaubsorte in Oberbayern. Feriengäste, die bei TOUROPA gebucht hatten, mussten für die Berg- und Talfahrt statt DM 4,50 nur DM 2,00 bezahlen und auf eine Tracht konnte nicht verzichtet werden.

Oben: Der Katalog beschrieb den »bekannten Luftkurort« Reit im Winkl als das »südlichste und höchstgelegene Bergdorf des Chiemgaus, unweit der Tiroler Grenze und des Kaisergebirges«. Geboten wurden die Schwebebahn auf den Walmberg (1061 m), ein Schwimmbad und Freibadeplätze am Weit-, Löden- und Walchsee. Es gab bereits die Möglichkeit Golf zu spielen, angesagt war aber vor allem »Kleingolf«. Weiterhin waren im Angebot: ein Leseraum im Gästehaus, Sauna und Standkonzert. – Rechts: Auf der Wander-Skikarte von Ruhpoldig und Umgebung ist alles, was der Feriengast wissen musste, penibel verzeichnet: jeder Wanderweg, jede Skipiste.

Nächste Doppelseite: Die Preislisten der »gepflegten Gesellschaftsreisen« von TOUROPA von 1955.

WANDER-UND SKIKARTE VON
RUHPOLDING
UND UMGEBUNG
MARIAECK
RABENSTEIN
NEUSTADLER-BERG
LOCHNERBERG
SALITER-ALM
SCHWIMMBAD
1159
WESTER-BERG
ZINN-KOPF
1228
1140
SULZBERG-SCHNEID
RUHPOLDING
1059
ZELLER-BERG
SKI-GEBIET
INZELL
NIEDER ACHEN
BRAND
ST. VALENTIN
ZELL
KURHAUS
STEIN-BACH
SKI-HÜGEL
DEUTSCHE ALPENSTRASSE
NACH REICHENALL
KIEN-BERG
1183
SCHMELZ
RAUSCHENBICHL
ASCHENAU
FROS-SEE
WEISSE TRAUN
PLENKEN
HUTZENAU
RAMSLER
FUCHSAU
HINTERPOINT
WEINGARTEN
EISENBERG
RAFFENER-ALM
TAUBEN-SEE
Großkabinenseilbahn!
Rauschbergbahn
INZELLER KIEN BERG
1596
STREICHER
1605
ZENO-KOPF
1305
MAIER-KNÖBL
VORDERER-
1647
RAUSCHBERG
HINTERER-
1672
RAUSCHBERG-ALM
KIENBERG-ALM
1426
UNTERN-BERG
GSCHOSS-WÄNDE
UNTERNBERG-ALM
1401
SASKGRABEN-ALM
PICHLER-ALM
KAITEL-ALM
SEETRAUN
SICHERTSAU ALM
ALLINGER HOLZ-STUBE
WAICHER-ALM
MAHD-ECK
1152
SESSSEE-KOPF
SCHWARZACHEN
SCHWARZACHEN ALM
1290
LANZEL-ECK
SEEHAUS
FÖRCHEN-SEE
SEE-KOPF
1164
1100
ZIRN-BERG
FISCH-BACH
PRÜGELBERG
1201
ADLER-KOPF
1393
SAURÜSSEL
1273
RICHTSTRICH-KOPF
FISCHBACH-SCHNEID
1795
AIBL-ECK
REIFEL-1884
BERG
SONNTAGS-HORN
1962
HOCHGERN
1568
ZEICHENERKLÄRUN
STRASSE
FAHRWEG
FUSSWEG, STEIG
MARKIERTE WANDERWEGE
SKI-TOUREN, ABFAHRTEN
SKI-LIFT
BAHNLINIE
AUTOBUS-HALTESTELLE
KIRCHE, KAPELLE

TOUROPA-REISEN

die gepflegten Gesellschaftsreisen

Ruhpolding, Berchtesgadener Land und Chiemgau

Preis für die 9tägige Reise Gruppe A ab und bis Hamburg nach:		Jede weitere Woche bis 19.6. und ab 4.9.	Jede weitere Woche 19.6. bis 4.9.	Zuschlag je Woche Gruppe B	Zuschlag je Woche Gruppe C	Zuschlag je Woche Gruppe D
Ruhpolding	140	48	54	5	12	48
Berchtesgaden Markt und Land	147	54	60	8	21	49
Schönau und Ramsau	149	56	62	8	19	51
Siegsdorf	131	42	48	4	7	—
Eisenärzt	133	43	49	4	10	—
Marquartstein	133	43	49	3	11	18
Unterwössen	133	43	49	3	11	18
Oberwössen	133	43	49	3	11	18
Reit im Winkl	142	50	56	8	19	45
Schleching	135	44	50	4	9	28
Prien am Chiemsee	137	50	56	4	12	45
Aschau	131	43	49	5	8	—

Bei Antritt der Reise in der Zeit vom 18. 6. bis 2. 9. erhöhen sich die Preise für die 9tägige Reise um DM 12.—

Tegernseer Tal / Werdenfelser Land

Preis für die 9tägige Reise Gruppe A ab und bis Hamburg nach:		Jede weitere Woche bis 24. 6. u. ab 2. 9. (Werdenf. Land ab 9. 9.)	Jede weitere Woche 24. 6. bis 2. 9. (Werdenfelser Land bis 9. 9.)	Zuschlag je Woche Gruppe B	Zuschlag je Woche Gruppe C	Zuschlag je Woche Gruppe D
Miesbach	126	42	48	4	12	—
Bayrischzell	139	53	59	5	12	50
Schliersee	137	53	59	6	16	—
Tegernsee	141	55	61	7	15	45
Rottach-Egern	142	55	61	7	15	45
Wiessee-Süd	144	57	63	7	15	42
Wallgau	141	52	58	5	11	35
Krün	141	52	58	5	11	—
Mittenwald	142	54	60	5	13	56
Garmisch-Partenkirchen	145	59	65	4	13	48
Grainau	141	53	59	5	11	77
Oberammergau	139	53	59	6	16	56

Bei Antritt der Reise in der Zeit vom 23. 6. bis 31. 8. (Werdenfelser Land bis 7. 9.) erhöhen sich die Preise für die 9tägige Reise um DM 12.—

Allgäu

Preis für die 9tägige Reise Gruppe A ab und bis Hamburg nach:		Jede weitere Woche bis 24. 6. und ab 9. 9.	Jede weitere Woche 24. 6. bis 9. 9.	Zuschlag je Woche Gruppe B	Zuschlag je Woche Gruppe C	Zuschlag je Woche Gruppe D
Schwangau-	132	46	52	4	11	29
Hohenschwangau	132	46	52	4	11	53
Füssen	137	53	59	6	16	33
Pfronten	137	51	57	5	10	29
Fischen	137	51	57	6	11	33
Oberstaufen	139	53	59	4	13	27
Steibis	142	53	59	3	13	25
Hindelang	144	56	62	5	11	39
Obermaiselstein	134	46	52	4	10	—
Tiefenbach	139	51	57	6	11	—
Oberstdorf	145	59	65	8	17	42
Kleines Walsertal	146	57	63	8	15	42

Bei Antritt der Reise in der Zeit vom 23. 6. bis 7. 9. erhöhen sich die Preise für die 9tägige Reise um DM 12.—

Bodensee

Preis für die 9tägige Reise Gruppe A ab und bis Hamburg nach:		Jede weitere Woche bis 14. 6. und ab 30. 8.	Jede weitere Woche 14. 6. bis 30. 8.	Zuschlag je Woche Gruppe B	Zuschlag je Woche Gruppe C	Zuschlag je Woche Gruppe D
Konstanz	140	52	59	7	25	51
Insel Reichenau	141	53	60	6	24	44
Hagnau	142	52	59	9	17	—
Immenstaad	142	51	58	7	17	35
Überlingen	142	54	61	7	22	50
Unteruhldingen	142	52	59	5	20	45
Meersburg	148	58	65	8	20	45
Langenargen	145	55	62	3	13	31
Nonnenhorn	144	54	61	5	17	—
Wasserburg	145	54	61	6	19	34
Lindau	146	55	62	5	23	58

Bei Antritt der Reise in der Zeit vom 13. 6. bis 28. 8. erhöhen sich die Preise für die 9tägige Reise um DM 14.—

Schwarzwald

Preis für die 9tägige Reise Gruppe A ab und bis Hamburg nach:		Jede weitere Woche bis 14. 6. und ab 30. 8.	Jede weitere Woche 14. 6. bis 30. 8.	Zuschlag je Woche Gruppe B	Zuschlag je Woche Gruppe C	Zuschlag je Woche Gruppe D
Birkendorf	135	48	54	4	8	—
Bonndorf	135	51	57	4	11	27
Feldberg	148	65	71	11	19	46
Freiburg/Breisgau	137	56	62	3	10	60
Glottertal	137	54	60	4	15	35
Hinterzarten	144	62	68	6	15	50
Menzenschwand	144	58	64	5	13	—
Lenzkirch	140	56	62	4	12	39
Muggenbrunn	138	55	61	5	14	25
Neustadt	135	53	59	4	17	40
Schluchsee	143	59	65	5	13	28
Schönau	140	54	60	4	15	34
Schonach	138	57	63	4	15	26
St. Blasien	152	66	72	5	16	47
St. Märgen	141	58	64	4	16	37
Titisee	146	63	69	8	32	45
Todtnau	139	53	59	4	15	45
Todtnauberg	138	54	60	5	15	25
Triberg	138	57	63	8	13	40
Waldkirch	129	47	53	4	14	34
Wieden	137	51	57	4	17	31

Bei Antritt der Reise in der Zeit vom 13. 6. bis 28. 8. erhöhen sich die Preise für die 9tägige Reise um DM 12.—

Rhein/Mosel

Preis für die 9tägige Reise Gruppe A ab und bis Hamburg nach:		Jede weitere Woche bis 29. 6. und ab 14. 9.	Jede weitere Woche 29. 6. bis 14. 9.	Zuschlag je Woche Gruppe B	Zuschlag je Woche Gruppe C	Zuschlag je Woche Gruppe D
Bingen	112	44	47	2	14	—
Rüdesheim	121	52	55	3	15	—
Aßmannshausen	122	52	55	3	15	49
St. Goar	120	54	57	5	13	29
St. Goarshausen	120	54	57	5	13	29
Boppard	118	52	55	4	12	31
Bacharach	122	54	57	5	13	32
Bernkastel-Kues	123	52	55	3	7	57
Cochem	120	52	55	2	8	45
Traben-Trarbach	122	52	55	3	8	38
Zell	120	52	55	3	8	—

Bei Antritt der Reise in der Zeit vom 29. 6. bis 13. 9. erhöhen sich die Preise für die 9tägige Reise um DM 11.—

Kombinierte In- und Auslandsreisen

Preis für die Reise ab und bis Hamburg (Reisetermine s. Ruhpolding)		Bei Antritt d. Reise in der Zeit v. 18.6.–2.9. Preiserhöhg. um	Zuschlag je Woche bis 19.6. und ab 4.9. Gruppe B	Zuschlag je Woche bis 19.6. und ab 4.9. Gruppe C	Zuschlag je Woche bis 19.6. und ab 4.9. Gruppe D	Zuschlag je Woche 19.6. bis 4.9. Gruppe B	Zuschlag je Woche 19.6. bis 4.9. Gruppe C	Zuschlag je Woche 19.6. bis 4.9. Gruppe D
9tägige Reise Ruhpolding-Gardasee-Venedig	256	12	5	12	48	5	12	48
9tägige Reise Ruhpolding-Oberitalien-Südschweiz	256	12	5	12	48	5	12	48
16tägige Reise Ruhpolding-Jesolo/Adria	256	36	16	38	—	24	45	—
16tägige große Alpen-Adria-Fahrt	336	29	5	12	—	5	12	—

Nähere Angaben über Reiseprogramm, Leistungen und Anschlußaufenthalte bitten wir dem TOUROPA-Ferienführer zu entnehmen.

Reisetermine: Abfahrt des TOUROPA-Fernexpress (Liegewagen):
Ruhpolding — Berchtesgadener Land und Chiemgau ab 30. April jeden Sonnabend (Ankunft in den Zielorten sonntags).
Tegernseer Tal — Werdenfelser Land und Allgäu ab 5. Mai jeden Donnerstag (Ankunft in den Zielorten freitags).
Bodensee und Schwarzwald ab 2. Mai jeden Montag (Ankunft in den Zielorten dienstags).
Rhein/Mosel ab 25. Mai jeden Mittwoch (Ankunft in den Zielorten mittwochs abends).

Die Preise schließen ein: Hin- und Rückfahrt einschl. Liegewagengebühr und D-Zug-Zuschlägen, 7 Tage Unterkunft in der gebuchten Gruppe mit komplettem Bohnenkaffeefrühstück, Gutscheine für Mittag- und Abendessen bzw. Vollpension, Zimmerreinigung, Schuhputzen (1 Paar), Licht, Bedienung, Kurabgaben, Reiseleitung, Führung auf Spaziergängen und Ausflügen und Eintritt zu einem Unterhaltungsabend in jeder Woche.

Unterbringung: Gruppe A in guten, sauberen Zimmern in Privathäusern, Gruppe B in besseren Privatzimmern, Gruppe C in besten Privatzimmern, in Fremdenheimen und Gasthäusern, Gruppe D in Hotelpensionen und Hotels.

TOUROPA-REISEN

die gepflegten Gesellschaftsreisen

Salzburger Land / Salzkammergut / Kärnten

Preis für die **9tägige Reise** mit 7 Tagen Unterkunft und voller Verpflegung Gruppe A (Salzburg und Badgastein Gruppe B) ab **Hamburg** (ab 7. Mai jeden Sonnabend)			Jede weitere Woche		Zuschlag Gruppe B		Zuschlag Gruppe C		Zuschlag Gruppe D	
VN = Vor- und Nachsaison S = Saison 26. Juni b. 4. Sept. (Badgastein 12. Juni b. 4. Sept.)	VN	S	VN	S	VN	S	VN	S	VN	S
Salzburg	173	185	73	81	—	—	16	21	54	78
St. Gilgen	163	175	62	68	3	5	17	19	40	47
St. Wolfgang	163	175	62	68	6	5	19	39	31	56
Gmunden	163	175	59	67	7	6	9	8	23	22
Geisern	153	165	49	56	9	9	21	20	40	46
Ausseer Land	155	167	49	57	8	8	19	19	39	44
Admont	156	168	44	52	4	4	14	14	—	—
Mitterndorf	154	166	47	52	4	5	22	24	—	—
Golling	155	167	57	64	4	4	8	8	13	13
Badgastein	193	211	83	96	—	—	24	33	50	73
Millstadt	176	188	65	76	6	6	14	14	23	29
Velden	186	198	72	80	7	7	18	24	21	33
Pörtschach	184	196	67	75	6	6	20	26	28	40

Tirol/Vorarlberg

Preis für die **9tägige Reise** mit 7 Tagen Unterkunft und voller Verpflegung Gruppe A ab **Hamburg** (ab 5. Mai jeden Donnerstag)			Jede weitere Woche		Zuschlag Gruppe B		Zuschlag Gruppe C		Zuschlag Gruppe D	
VN = Vor- und Nachsaison S = Saison (1. Juli bis 2. Sept.)	VN	S	VN	S	VN	S	VN	S	VN	S
Lofer	172	184	62	68	6	6	11	10	32	46
Kitzbühel	169	181	67	72	7	5	15	16	33	41
Zell am See	173	185	69	76	7	7	11	18	38	44
Kaprun	163	175	58	61	8	8	10	14	—	—
Alpbach	157	169	55	63	6	6	9	9	23	33
Mayrhofen	169	181	64	71	6	5	10	11	28	28
Pertisau a. Achensee	171	183	66	74	4	4	10	20	19	32
Fulpmes	159	171	55	63	6	6	13	13	26	26
Seefeld	177	189	70	79	5	7	14	21	20	34
Lech/Oberlech	182	194	68	72	8	4	12	8	20	16

Franz. Riviera und Italien

Preis für die Reise mit Unterkunft und voller Verpflegung ab und bis **Hamburg**				Jede weitere Woche	
VN = Vor- und Nachsaison S = Saison	Reised. Tage	VN	S	VN	S
Cannes	10	283	303	115	132
Juan-les-Pins	10	257	269	88	98
Menton	10	297	309	130	140
Alassio	10	243	277	89	121
Laigueglia	10	233	258	82	104
Finale Ligure	10	230	264	82	114
Varigotti	10	227	261	77	110
Riva	9	251	267	118	132
Torbole	9	227	239	94	94
Malcesine	9	247	259	110	110
Gardone	9	273	285	132	132
Meran	9	227	247	99	116
Riccione	9	231	261	70	98
Lido Venedig	9	247	282	98	130
Grado	9	217	239	83	103

Jugoslawien und Spanien

Preis für die Reise mit Unterkunft und voller Verpflegung ab und bis **Hamburg**				Jede weitere Woche	
VN = Vor- und Nachsaison S = Saison	Reised. Tage	VN	S	VN	S
Opatija	9	235	247	82	90
Lovran	9	227	243	73	88
Dalmatinische Küstenfahrt nach Dubrovnik	16	453	461	105	105
Tossa de Mar	10	317	329	72	81
Lloret de Mar	10	317	317	74	74
Palma de Mallorca	10	381	381	70	70

Schweiz

Preis für die **9tägige Reise** mit 7 Tagen Unterkunft und voller Verpflegung ab und bis **Hamburg**			Jede weitere Woche	
VN = Vor- und Nachsaison S = Saison	VN	S	VN	S
Lugano	251	263	117	117
Locarno	249	261	114	114
Weggis	244	264	113	132
Interlaken	251	267	114	130
Grindelwald	237	254	95	112
Kandersteg	229	241	94	102
Arosa	268	280	117	125
St. Moritz	279	299	117	136

Eine kleine Auswahl aus unserem Rundreisenprogramm:

9tägige Bahn-Autobus-Rundreise durch Österreich:
Salzburg — St. Wolfgang — Wien — Graz — Klagenfurt — Cortina d'Ampezzo — Innsbruck — Salzburg .... **DM 301.—**

16tägige Bahnrundreise durch die Zentral- und Ostschweiz:
Luzern — Gersau — Lugano — Wildhaus im Obertoggenburg — St. Gallen — Zürich — Olten .... **DM 368.—**

7tägige „Klassische Italienfahrt" mit Verlängerungsmöglichkeit auf Capri und Anschlußreise nach Sizilien:
München — Florenz — Rom — Neapel — Capri — Venedig — München **DM 364.—**
Verlängerungswoche auf Capri .... **DM 184.—**
Anschlußreise ab Neapel nach Taormina .... **DM 229.—**

16tägige Bahn-Autobus-Rundreise durch Spanien mit Besuch von Genf — Avignon — Barcelona — Tarragona — Valencia — Granada — Sevilla — Cordoba — Madrid — San Sebastian — Bordeaux .... **DM 694.—**

Reisen nach Paris (mit 5 Tagen Aufenthalt) .... ab **DM 129.—**

Internationale Rundreisezüge der Europäischen Eisenbahnen in Verbindung mit der TOUROPA:

17 Tage — Große Sizilienfahrt:
Frankfurt — München — Rom — Taormina — Neapel — Capri — Florenz — Venedig — Innsbruck — München — Frankfurt
7. bis 24. April und 6. bis 23. Oktober 1955 .... **DM 568.—**

10 Tage — Ostern in Rom:
Frankfurt — München — Rom — Neapel — Capri — Florenz — Venedig — München — Frankfurt .... 7. bis 17. April **DM 388.—**

8 Tage — Rundfahrt durch die Schweiz:
Frankfurt — Basel — Zürich — Luzern — Interlaken — Stresa — Montreux — Bern — Basel — Frankfurt
30. April bis 8. Mai und 17. bis 25. September 1955 .... **DM 243.—**

13 Tage — Große Dreiländerfahrt:
Frankfurt — Basel — Luzern — Lugano — Mailand — Florenz — Rom — Neapel — Capri — Venedig — Innsbruck — München — Frankfurt
14. bis 27. Mai und 24. September bis 7. Oktober 1955 .... **DM 496.—**

Linke Seite: Nicht immer war es den Kindern recht, wenn es mit Vati und Mutti in die Berge ging.

Oben: Gruppenbild nach erfolgreichem Gipfelsturm – eine Wandergruppe im Bayerischen Wald. Die Tour der Bergkameraden war zwar nicht gerade hochalpin, aber es ging freilich auch nicht um sportliche Höchstleistungen, sondern um ein schönes Gemeinschaftserlebnis. Das Erinnerungsfoto mit Gipfelkreuz für später belegt, wer damals mit dabei war.
Rechts oben: Die Zugspitzbahn bewacht der wackere Jägersmann mit Gamsbart, Hund und Steinbock.
Rechts unten: 1953 fanden kleine und große Limousinen noch ausreichend Parkraum vor dem bekannten Hotel Bachmair in Rottach-Egern am Tegernsee.

Links oben: Wer nicht verreiste, machte einen Ausflug in die nähere Umgebung. Ein typisches Fortbewegungsmittel war häufig das Fahrrad. Hier der Vater in kurzen Hosen und Sportschuhen, die beiden Kleinen fein herausgeputzt.
Links unten: Ganz traut die Mutter dem Frieden nicht und hält lieber die Jüngste am Arm fest. Die Kleinen sind doch zu wild und wollen lieber in ihren neuen Schuhen von Stein zu Stein über den Bach hüpfen.

Oben: Ein kräftiger Schluck aus der Pulle mit köstlicher Limonade darf es schon sein während eines heißen Sommertages am nahegelegenen Badeteich.

START
79
80

Links: Auf die Plätze! Fertig! Los! – und schon wird beim Tretrollerrennen um jeden kleinen Vorsprung verbissen gekämpft. Die Holztretroller sind die Prototypen der heute von Kindern oder sportlichen Managern genutzten zusammenlegbaren Micro-Scooter. – Oben: Auf irgendeiner Wiese eines Ferienlagers oder Zeltplatzes. Das Netz ist schnell aufgespannt und ein paar Mitspieler sind schnell organisiert, um Faust- oder Volleyball spielen zu können.

Ob Ost oder West, ein Unterschied ist auf den ersten Blick nicht erkennbar. Nur der Ernteeinsatz, den Jugendliche eines Zeltlagers auf einem Kartoffelfeld in der DDR leisten mussten, weist darauf hin, dass die Weltpolitik in Spaß und Freude beim Zeltlager eingegriffen hat. Aber noch schert's die Jungen nicht: Die gemeinsame Mahlzeit, gemeinsam vor- und zubereitet, nahmen sie bei gutem Wetter selbstverständlich im Freien ein. In einem Zelt fanden mehr Jugendliche als eine Fußballmannschaft Platz.

»Ich brauch' Tapetenwechsel, sprach die Birke ...«, heißt es in einem berühmten Chanson von Hildegard Knef. Tapetenwechsel, ein Synonym für den Wunsch, Ferien oder wenigstens ein paar entspannte Tage in anderer Umgebung zu verbringen. Das kann in der Märkischen Heide mit ausgedehnten Spaziergängen sein oder beim geduldigen Angeln im ersten zarten Abendlicht an einem oberbayerischen See. – Stille und Frieden vermitteln die Bilder aus den Prospekten der Ferienmacher: eben die Sehnsucht nach Tapetenwechsel.

Urlaub im Ausland
EUROPA RUFT

Ausweiskontrolle der Grenzbeamten, Rückfragen nach zu verzollenden Gütern, Staus vor Schlagbäumen gehörten zum Start in den Urlaub. In den 50er-Jahren war ein Verzicht auf Kontrollen des Personenverkehrs an den Grenzen noch gänzlich unvorstellbar. Das Schengener Abkommen, das 1999 in Kraft trat, erleichterte den Grenzübertritt zumindest in die 13 EU-Staaten sowie nach Island und Norwegen.

Eine Reise in den Süden, das hieß für lange Zeit zunächst: Italien. Denn Spanienreisen wurden nur selten angeboten. Venedig und Neapel, Jesolo und Rimini, Capri und Cattolica wurden von den Deutschen erobert. An den Stränden sonn(t)en sich die blonden Teutonen aus Gelsenkirchen und Berlin mit nackten Schultern und einem Strohhut auf dem Kopf. Und am Abend, wenn nicht nur bei Capri die Sonne im Meer versank, zeigte man sich auf der Piazza und ging »shoppen«, auch wenn man das damals noch nicht so nannte, um für die Daheimgebliebenen Souvenirs zu kaufen: Eine Mini-Gondel aus Venedig, eine mittels Bastkorb geschützte Chiantiflasche aus der Toskana. Ein bisschen Italien durfte es für jeden sein.

Bei von Reiseveranstaltern kombinierten In- und Auslandsreisen ging es zum Beispiel erst am dritten Tag von Ruhpolding aus mit dem Bus weiter über Villach und Udine oder über Cortina d'Ampezzo nach Jesolo. Der Veranstalter garantierte hier die »Strandbenutzung mit Liegestuhl und Sonnenschirm«. Devisengebühren und Reiseleitung waren im Preis inbegriffen.

Hoch im Kurs standen gegen Ende der 50er-Jahre »Kulturelle Reisen (…), die das Kennenlernen der Länder und Menschen mit all ihren Eigenarten und schöpferischen Leistungen in Gegenwart und Vergangenheit zum Ziele« hatten. Ein Spezialist für Studien- und Gruppenreisen war das Reiseunternehmen Dr. Tigges. Das unterstrich schon der Doktortitel im Firmennamen. Schon 1925 hatte man den »Europakreis«, der für ein vereintes Europa warb, gegründet und 1928 die »Gemeinschaftsfahrten Dr. Tigges«. Zu den Grundprinzipien gehörte die geleitete Reise überschaubarer Gruppen. Reiseleiter sollten die Teilnehmer für das Gastland »begeistern«. Ab 1953 trafen sie sich zweimal im Jahr zur »Reiseleiter-Akademie«.

Auf den Nordlandfahrten ging es meist nach Skandinavien, zunächst nach Kopenhagen, dann nach Stockholm, Oslo und Bergen. Die schwedische Südwestküste bezeichnete man wegen der kilometerlangen feinen weißen Sandstrände gern als »Riviera des Nordens«.

Rechte Seite: 1959 konnte die Deutsche Flugtouristik mit zahlreichen Fernflugreisen ins europäische Ausland aufwarten.

Innsbruck (Mitte) oder Jesolo (ganz unten) musste man gesehen haben.

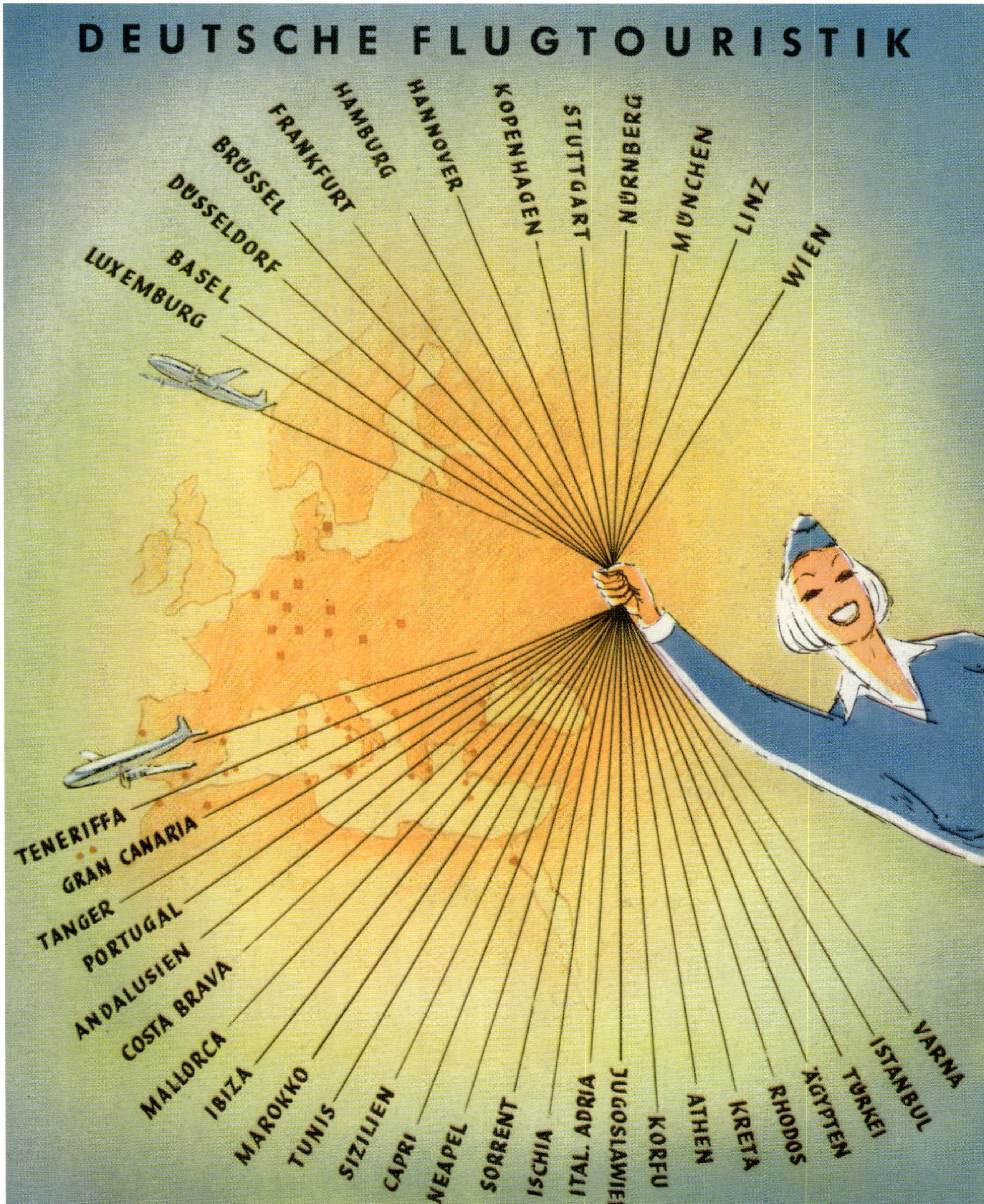
DEUTSCHE FLUGTOURISTIK
HAMBURG
HANNOVER
KOPENHAGEN
STUTTGART
NÜRNBERG
FRANKFURT
BRÜSSEL
MÜNCHEN
LINZ
DÜSSELDORF
WIEN
BASEL
LUXEMBURG
TENERIFFA
GRAN CANARIA
TANGER
PORTUGAL
ANDALUSIEN
COSTA BRAVA
MALLORCA
IBIZA
MAROKKO
TUNIS
SIZILIEN
CAPRI
NEAPEL
SORRENT
ISCHIA
ITAL. ADRIA
JUGOSLAWIEN
KORFU
ATHEN
KRETA
RHODOS
ÄGYPTEN
TÜRKEI
ISTANBUL
VARNA

Linke Seite: Mit dem eigenen Wagen in die Berge zu fahren, war ein Wunsch vieler; die Autowerbung kam diesem Wunsch gerne nach.

Oben: War man angekommen, schickte man zum Beispiel aus dem Zillertal eine Postkarte, auf der eine Dampflok der Zillertalbahn am Ort Strass vorbeizuckelt. – Unten: Die Karte aus St. Johann in Tirol zeigt prächtige Exemplare alpenländischer Bautradition.

Oben und rechts: Werbung setzt auf Klischees. Da spielt es keine Rolle, ob alles auch geografisch korrekt ist. Es kommt auf die »Anmutung« an, wie in diesem Beispiel hier für Ferien in Österreich, der Schweiz und Italien. Da kann der urige Trachtler ruhig aus Oberbayern kommen und das fesche Madel irgendwo auf einer blühenden Almwiese vor schneebedeckten Gipfeln stehen. Vermittelt wird eine Idylle wie aus dem Bilderbuch.

Das Titelbild von TOUROPA signalisiert, dass es ganz leicht ist, unbeschwert mit einer Seilbahn auf die Gipfel zu kommen. Luis Trenker (1892–1990), einer der berühmtesten Bergsteiger jener Zeit, wäre sicher auf Schusters Rappen in die Berge gegangen. Der Südtiroler war aber auch Romanautor und Bergfilm-Regisseur. Bekannt wurde er mit »Der Sohn der weißen Berge« (1930), »Berge in Flammen« (1931) und vor allem »Der Berg ruft« (1938), ein Filmtitel, der zum Schlagwort wurde. Seine Autogrammkarte war ein begehrtes Souvenir.

Oben: Nachdem die Silvretta Hochalpenstraße fertiggestellt war, konnten Autotouristen bequem zum Vermont-Stausee in 1743 Meter Höhe gelangen und die imposante Staumauer bestaunen. Die eiszeitliche Vergletscherung gab dem kristallinen Gebirge der Silvretta-Gruppe seine schroffe Form. Das Gletscherwasser füllt das ehemalige Hochtal. Die mautpflichtige Straße war wegen des Baus der Staumauer angelegt worden und ermöglichte es, von Montafon aus zügig über die Bieler Höhe ins Paznaun- und ins Inntal zu gelangen.

Rechte Seite: Fast endlos scheinen sich die Serpentinen den mächtigen Berg hinaufzuziehen: 49 Kilometer lang ist die Großglocknerstraße, die die beiden Bundesländer Salzburg und Kärnten verbindet. Sie beginnt in Bruch am Anfang des Fuschertals und führt über das Hochtor nach Heiligenblut im Mölltal. Vom Rastplatz und Gasthaus auf der Edelweißspitze aus hat man einen gigantischen Blick auf 37 Dreitausender und 19 Firnfelder. Heutzutage sind die Mountainbiker (ohne Maut) auf dieser faszinierenden Hochgebirgsstraße unterwegs.

Vorhergehende Doppelseite: An der Grenze nach Tirol bildeten sich auch 1953 schon manche Autoschlangen. Erst 46 Jahre später sollte das Schengener Abkommen den Grenzverkehr erleichtern.

Linke Seite: In den 50er-Jahren nahm sich das »Pfarrdorf« Lech am Arlberg noch recht beschaulich aus. Lech, das heute zu den international beliebtesten Wintersportorten gehört, hat sich in fünf Jahrzehnten stark verändert.

Oben: Eine Aufnahme vom Tiroler Gepatschferner aus der Mitte der 50er-Jahre. Inzwischen ein historisches Dokument, denn der durchschnittliche Gletscherschwund pro Jahr beträgt heute aufgrund der Erderwärmung 16 Meter. – Links: Zwischenstation vor einer Hütte.

Unten: Sorgenfreies Leben am Wörthersee. Damals galten Maria Wörth, Dellach und Reifnitz als die angesagtesten »Alpenseebäder«.

Rechts oben: Vaduz, der internationale Finanzplatz des Fürstentums Liechtenstein auf einer historischen Postkarte. – Rechts unten: Blick auf den Schweizerhofquai und die markanten Türme der Hofkirche von Luzern. Sie gilt als wichtigster Sakralbau der Schweiz. Im Hintergrund die Rigi (1800 m).

Rechte Seite: Nicht nur die Reisen in den Süden, auch Skandinavien gehörte fest ins Programm deutscher Reiseanbieter.

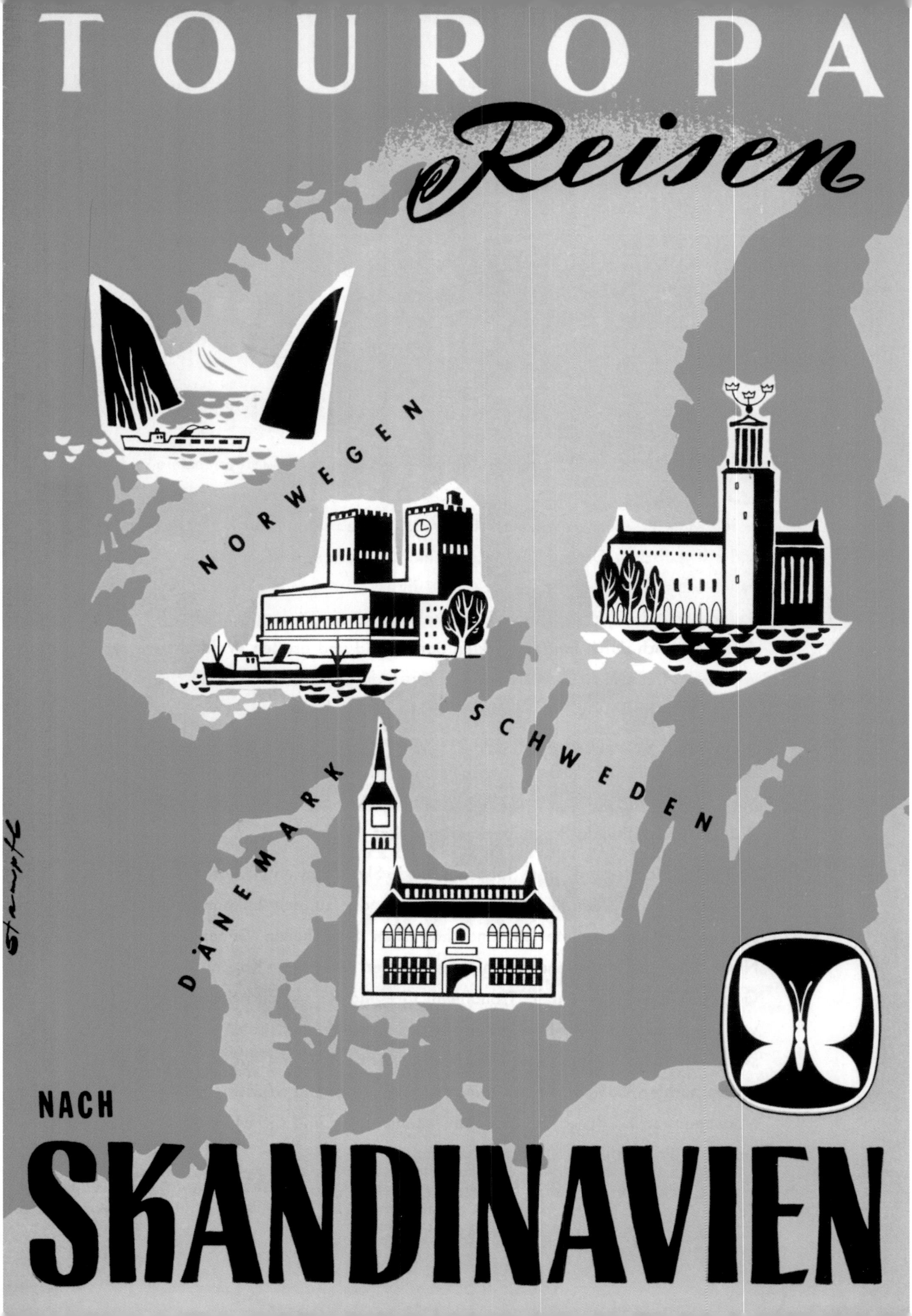
TOUROPA
Reisen
NORWEGEN
SCHWEDEN
DÄNEMARK
NACH
SKANDINAVIEN

TOUROPA
2. NORDLANDFAHRT
vom 29. Juli bis 5. August 1956
mit TS «CASTEL FELICE»
Passagierliste
Wissenswerte Einzelheiten
Reiseplan

BASTAD
HÄLSINGBORG
HÄLSINGÖR
TISVILDELEJE
RØRVIG
NYKØBING
DÄNEMARK
ROSKILDE
KOPENHAGEN
SCHWEDEN
NAESTVED
KARREBAEKSMINDE
VORDINGBORG
NYKØBING
Zug
Autobus

Linke Seite: Auf einer Kreuzfahrt lernt man in acht Tagen auf See eine Menge Leute kennen. Um Begegnungen zu erleichtern und sich auch später zu erinnern, hat die Crew der »Castel Felice« eine Passagierliste mit allem Wissenswerten inklusive Reiseplan zusammengestellt und kostspielig mit einer Kordel binden lassen (links). – Die kleinen Seebadeorte zum Beispiel an der Südküste Seelands bieten ausgedehnte Sandstrände. Das schwedische Seebad Bastad an der Südwestküste erhielt vom Reiseveranstalter der Beiname »Riviera des Nordens« (rechts).

Oben: Ein Besuch Kopenhagens darf bei Ferien in Dänemark nicht fehlen. Mit dem TOUROPA-Fernexpress reiste man im Liegewagen zunächst nach Hamburg. Urlauber aus Westdeutschland und Berlin kamen mit Regionalzügen in die Hansestadt. »Treffpunkt war Montag morgens im Hauptbahnhof-Wartesaal.« Dann ging es weiter mit dem Skandinavienexpress über Lübeck nach Großenbrode-(Fähre)-Gedser. An Bord der Fähre gab es ein Mittagessen. Von Gedser aus ging es dann in die jeweiligen Urlaubsorte mit dem Autobus weiter.

Ins »befreundete« sozialistische Ausland durften DDR-Bürger reisen. – Links: Die Gdansker (Danziger) Katherinenkirche, das älteste Gotteshaus der Stadt. Die dreischiffige Hallenkirche mit zahlreichen Seitenkapellen stammt aus dem 13. Jahrhundert. 1945 brannte sie aus. Die Restaurierung des Turms mit dem Glockenspiel wurde erst in 80er-Jahren abgeschlossen. Rechts: Nach dem Krieg wurden viele Warschauer Stadtteile im realsozialistischen Stil neu aufgebaut. Ein Musterbeispiel dafür ist der Kulturpalast. Er entstand von 1952 bis 1955 und war damals mit seinen 230 Metern das zweithöchste Gebäude Europas.

Links oben: Die Schneegrubenbaude auf dem Hohen Rad (1509 m), die höchste Erhebung im westlichen Teil des Riesengebirges, ist ein beliebtes Wanderziel an der Staatsgrenze zwischen Polen und Tschechien. – Links unten: Ein Schnappschuss vor dem Georgsbrunnen auf dem Hradschin in Prag. – Rechts oben: Die St.-Veit-Kirche (aus der ersten Hälfte des 15. Jahrhunderts) in der schmucken Barockstadt Krumau (Česky Krumlov) an der Moldau.

Nächste Doppelseite: Dem Dom von Wrocław (Breslau), der Katedra Jana Chrzciciela (Kathedrale St. Johannes des Täufers), fehlten in den 50er-Jahren noch die Turmspitzen.

Ferien-Flugreisen
1959
DEUTSCHE FLUGTOURISTIK
TOUROPA · SCHARNOW · HUMMEL

Kombinierte In- und Auslandsreisen mit dem Bus begannen bei einem Reiseveranstalter häufig in Ruhpolding. Man reiste mit dem Zug im Liegewagen an. Nach einem ein- bis zweitägigen Aufenthalt in der oberbayerischen Ferienidylle ging es mit dem Bus weiter. Sehr beliebt waren Fahrten an die jugoslawische und italienische Adriaküste. Auf dem Weg dorthin ging es zum Teil schon über romantische Küstenstraßen. Einige Fahrgäste im vollbesetzten Reisebus dürften sicherlich gedacht haben: Verweilen wir doch, es ist so schön ...

Mit dem eigenen Wagen war man unabhängig und schnell am Gardasee (oben) oder im mondänen Cannes an der Cote d'Azur (unten rechts). – Vor den Toren Venedigs (rechts oben) muss das Auto jedoch geparkt werden. Dafür bietet eine Gondel nach einem ermüdenden Fußmarsch durch die Lagunenstadt eine herrliche Entspannung, wenn sie zum Beispiel am Renaissance-Palast von Mauro Coducci (1440–1504) vorbeigleitet. Der Palazzo am Canal Grande fällt nicht nur wegen der ausgewogenen eleganten Fassadengliederung und der Säulenanordnung auf, sondern er gehört zu den wenigen Bauwerken Venedigs, das frei steht. Hier starb am 13. Februar 1883 Richard Wagner. Das war allemal eine Postkarte wert.

AH 82·4735

Italien, das Land der Urlauber-Träume: Dazu gehörte zum Beispiel Riccione an der Adria in der Provinz Rimini (oben), ein Badeort, der jeden Sommer Tausende nicht nur deutsche sonnenhungrige Touristen anzog. Jesolo in der Provinz Venedig (unten) war vor allem in den Anfangsjahren des Italien-Tourismus bei Campingurlaubern sehr beliebt. Und dann natürlich Capri (rechts). Die 10,4 Quadratkilometer große Insel am Südeingang vom Golf von Neapel wurde nicht zuletzt durch Rudi Schurickes »Wenn die Sonne bei Capri im Meer versinkt« geradezu zum Sinnbild der Italiensehnsucht. Hier die (weniger romantische) Marina Grande im Norden der Insel.

Rechte Seite: Im Urlaubsalbum hielt man die unvergesslichen Ferienerlebnisse fotografisch und textlich fest.

Riomaggiore

Wein, Wein nur du allein … voll Kraft und Sonnenschein

In einem alten Kloster bei Pizza und Wein hat H. Widmer als Solist fungiert und Gilberte Courgenay intoniert, aus vollem Halse haben wir mitgesungen, nicht immer richtig aber laut!

Rechts oben: Am Strand ist man nie allein ... – Deutsche Reiseveranstalter garantierten für einen 16-Tage-Urlaub in Jesolo die »Strandbenutzung mit Liegestuhl und Sonnenschirm«. – Unten: Die Küste der Emilia Romagna von Comacchio bis Cattolica bietet auf über 100 Kilometern Länge feine Sandstrände. Ein ideales Familien-Reiseziel für einen ausgedehnten Badeurlaub an der Adria.

Links oben: Finale Ligure mit seiner gepflegten Palmenpromenade liegt in einer weiten Bucht an der Ligurischen Küste. – Unten: Badefreuden, wie hier am Strand von Jesolo, konnten ungetrübt genossen werden, weil das Preis-Leistungs-Verhältnis stimmte. Im Prospekt des Reiseveranstalters wies man ausdrücklich darauf hin, dass nur durch eine »rationale Ausnutzung« der Vertragshotels der »niedrige Preis erzielt werden« konnte. – Oben: Bei einer großen Alpen-Adria-Fahrt machte der Bus immer wieder Station in den schönsten Badeorten: In Opatija konnte man gleich unterhalb des Hotels ins Meer springen.

Mallorca war schon sehr früh im Programm der deutschen Reiseveranstalter. Der ganz große Boom setzte jedoch erst mit den Charterflügen in den 60er-Jahren ein.

Links: Lloret de Mar. Noch flog man nicht an die Costa Brava, sondern fuhr mit der Bahn im Liegewagen bis Port Bou. Dann ging es zweiter Klasse weiter nach Barcelona und von dort aus mit dem Bus weiter bis zum Ferienort. Die Reisekosten für 11 Tage betrugen je nach Ausgangsort zwischen DM 354 (ab Hamburg) und DM 290 (ab Kehl).

Oben: Postkarte von Llava Laguna bei Porec in Istrien. Der vor allem bei Deutschen sehr beliebte Urlaubsort an der Adria liegt auf einer schmalen Halbinsel. – Rechts: Die Werbung des Wohnwagenherstellers MIKAFA versprach, »überall zu Hause« zu sein. Hier parkt ein Griechenland-Tourist strategisch günstig vor der Akropolis, um sie – noch vor dem Ansturm der Menge – ungestört besichtigen zu können.

Oben und linke Seite: Einige wagen sich auch aus Europa hinaus. Übernachten unter Palmen direkt am Meer. So ein Automobil hatte an der afrikanischen Westküste noch niemand gesehen. Aber nur wenige wagten es, mit einem Wohnmobil über die Grenzen Europas hinaus zu reisen und eine derartig strapaziöse Reise ins Ungewisse zu unternehmen. Ein robustes und gut ausgestattetes Wohnmobil war dafür die Voraussetzung.

Linke Seite: Bequem war es sicherlich, zu Hause in den Bus zu steigen und unter dem Eiffelturm wieder auszusteigen. Autobus-Städtereisen machten sorgloses Reisen möglich.

Fernreisen und zum ersten Mal fliegen

VIELE TRÄUMEN VOM SÜDEN

Rechte Seite: Ein Plakat, das auch heute seine Wirkung nicht verfehlt. Unter blauem Himmel liegen Segelboote am Strand. Die Architektur hat spanisch-nordafrikanische Anklänge und Frauen, die eine mit Kopftuch, die andere mit einer Karaffe auf dem Kopf, liefern die dazugehörige Folklore, wie auch die Kosakentänzer (diese Seite Mitte). 1955 begann der organisierte Flugtourismus mit der Gründung der ersten Charterfluggeselschaft, der Deutschen Flugdienst GmbH (heute Condor). Und mit TOUROPA konnte man erstmals nach Mallorca, Teneriffa und Ägypten in den Urlaub fliegen.

Die Tourismusbranche lebt von den Urlaubsträumen und -sehnsüchten der Menschen. Und ganz oben in der Sehnsuchtsskala waren Flugreisen angesiedelt. Ende 1955 startete Dr. Tigges von Düsseldorf aus nach Mallorca. Jeweils 36 Passagiere hatten (so viel wie in einem Reisebus) in den drei zweimotorigen Vickers Viking Platz. Außerdem war der Flug nach Mallorca nicht wesentlich teurer als eine Busreise. Über ein Viertel der 35 000 Urlauber, die das Wuppertaler Unternehmen 1957 betreute, waren Fluggäste. Eine Flugreise für 15 Tage ins Heilige Land ab Düsseldorf oder Frankfurt am Main betrug 1618 DM. 1959 hatte auch die Deutsche Flugtouristik mit ihrem Angebot an Fernflugreisen auf dem Markt Fuß gefasst. Sie war erst zwei Jahre zuvor von den führenden deutschen Reiseveranstaltern Touropa, Scharnow und Hummel gegründet worden. Neben Inlandsflügen von und nach Düsseldorf, Frankfurt, Hamburg, Hannover, Stuttgart, Nürnberg und München ging es auch in die Schweiz und nach Österreich. Die Fernflugreisen beschränkten sich jedoch ausschließlich auf Europa, Nordafrika und die Türkei. Die Fernreiseziele, die heute so beliebt sind, standen noch nicht im Angebot: weder die USA oder Kanada, geschweige denn Süd- und Mittelamerika, Asien, Australien oder Neuseeland. Auch die europäischen Metropolen wie London oder Paris wurden noch nicht angeboten. Auch fehlten Flugreisen nach Skandinavien im Programm.

1959 gab es die ersten vier »Sonderreisen« in die Sowjetunion; jedoch nicht mit dem Flugzeug, sondern mit der Bahn. Die 10-Tage-Reisen kosteten 725 DM. Vom Berliner Ostbahnhof ging es für die »Westler« mit dem »Blauen Express« – einem Schlafwagen – über Warschau, Brest und Minsk nach Moskau; ein paar Tage später mit dem Schlafwagen nach Leningrad, dann wieder zurück nach Moskau und nach einem ausführlichen Besichtigungsprogramm zurück nach Ostberlin.

Auch Kreuzfahrten kamen allmählich in Mode: auf dem Mittelmeer, meist verbunden mit einer Studienreise oder als Nordlandfahrt entlang der norwegischen Fjordküste.

FLUGREISEN
in den sonnigen Süden 1958
Gemeinschaftsprogramm der Touristik-Unternehmen TOUROPA · SCHARNOW · HUMMEL

DEUTSCHE FLUGTOURISTIK
Ferien-Flugreisen
1959/60

Linke Seite: »Der deutsche Bauch erholt sich auch und ist / schon viel runder. / Jetzt schmeckt das Eisbein wieder in Aspik«, hieß es in einem ironischen Song in dem Spielfilm »Wir Wunderkinder«, der die damalige ökonomische Entwicklung in der Bundesrepublik sehr gut charakterisierte. Die Deutsche Flugtouristik Ferien-Flugreisen scheint dies ein Jahr später nur zu bestätigen. Der freundliche, rundliche Herr fliegt in den Süden und lässt es sich gut gehen. Am Ferienziel angekommen, tauscht er seinen Businesshut mit einem Sonnenhut, sitzt entspannt in einem geflickten (!) Lastwagenreifen, lässt Schiffchen segeln und die Angel baumeln. Erholung pur für diejenigen mit der entsprechenden Brieftasche.

Oben: Auf einem Prospekt-Titelblatt ist die Condor-Maschine auf dem Anflug nach Teneriffa, im Hintergrund der höchste Berg der Kanareninsel, der 3718 Meter hohe El Teide.

Oben und rechte Seite: Während der Hochphase des Kalten Krieges war eine Reise nach Moskau und Leningrad etwas ganz Besonderes. 1959 gab es dieses Angebot zum ersten Mal. Man startete die 10-Tage-Reise (für 725 DM) am Samstagabend vom Berliner Ostbahnhof mit dem »Blauen Express«, einem Schlafwagen. Über Warschau, Brest und Minsk erreichte man am darauffolgenden Montag Moskau.

Unten: Kein Tiertransporter, sondern ein Anhänger mit Schlafkabinen bildet das erfolgreiche Reisegespann der Firma Höltl. Während der Urlaubsreise schläft man in 2 Meter langen und je 75 Zentimeter breiten wie hohen Schlafkabinen. Eine 25-tägige Tour durch den Nahen Osten inklusive acht Tage Aufenthalt in Jerusalem kostete 580 DM. Im Vergleich mit anderen Pauschalreisen aus dieser Zeit war dies recht günstig.

TOUROPA-REISEN
nach
MOSKAU und
LENINGRAD

Mit dem Goggomobil um die Welt

FÜR DEN KLEINWAGEN IST KEIN WEG ZU WEIT

Es war die Zeit, als stolze Pkw-Besitzer ihren Automobilen Kosenamen gaben: »Schnüffelchen« hieß zum Beispiel das Goggomobil des Hamburger Ehepaars Marlotte und Peter Backhaus, mit dem sie sich auf eine ungewöhnliche Reise begaben: Sie gingen auf Weltreise. Sie waren auf vier Kontinenten und in 80 Ländern. Insgesamt legten sie 200 000 Kilometer in 4,5 Jahren zurück. Ihr Motto war das aller Weltenbummler: »Die Welt sehen, Menschen und andere Kulturen kennenlernen.« Dafür benötigten sie Geld. Um ihre Reisekasse aufzubessern, sprachen sie bei dem Hersteller des legendären Goggomobils, den Glaswerken in Dingolfing, vor. Hier war der Chef Hans Glas von ihrer Idee begeistert und unterstützte die beiden Hanseaten. Ein Hauptgrund für sein Sponsoring war, dass das Ehepaar seine Weltreise selbst filmen wollte und sie sich damit als ideale Werbeträger anboten.

Der Wagen wurde vom Werk umgerüstet und weltreisetauglich gemacht: Man tauschte den serienmäßigen 300er-Motor gegen einen 400er mit »normaler Schaltung« aus, ein Zusatztank sorgte für genügend Benzin, man baute spezielle Filter gegen den Wüstensand ein und versah das Armaturenbrett mit einem Kompass, einer Uhr sowie einem Stecker für Wasserkocher und Rasierapparat. Um immer genügend Wasser an Bord zu haben, zog man in den Boden einen Zwischenraum für einen Wassertank ein und das Entfernen der Rücksitzbank schließlich schuf Platz für viel Gepäck.

Im August 1957 verließen sie die Hansestadt Richtung Italien und Jugoslawien. Dann ging es weiter über Griechenland und die Türkei bis nach Indien, Thailand und Kambodscha. Von dort schipperte man per Frachter weiter über Singapur und Hongkong nach Yokohama. Doch die japanischen Behörden erlaubten keine Einfuhr ausländischer Automobile, weshalb sie den zweiten Teil ihrer Reise durch die USA mit einem neuen Goggo-Modell fortsetzen mussten. Das Ehepaar flog nach San Francisco und nahm einen neuen Wagen in Empfang, das aktuelle Modell »Isar 700«.

Über 10 000 Kilometer fuhren sie damit kreuz und quer durch die USA. Dann ging es nach Südamerika. In Panama nutzte man das Flugzeug, um nach Baraquella in

Links oben: Auch ein »Goggo« kann von Kontinent zu Kontinent fahren und die Welt umrunden. Allerdings musste schon einmal ein Flugzeug oder eine Fähre aushelfen, um weiterzukommen. Rechts oben: Die Golden Gate Bridge von San Francisco mal nicht im Nebel. Ideales Wetter für einen Schnappschuss der Goggo-Weltenbummler. – Links unten: Reparaturen unterwegs wurden selbst ausgeführt. Ein Reifenwechsel war da noch verhältnismäßig einfach. – Rechts unten: Wer wollte daran zweifeln, die Brücke ist stabil: Der Weg ist – nicht ohne Risiko – das Ziel.

Links oben und unten: Mächtig sind die Mammutbäume im Sequoia-Nationalpark in der kalifornischen Sierra Nevada. Durch einige kann man sogar hindurchfahren. Das Campieren mit Minimalausrüstung war recht ungezwungen. Hier wird das nötige Reisegepäck fotografisch dokumentiert.

Rechts: Egal, wo das Goggomobil auftauchte: Es war immer eine Sensation und für ein Foto posiert man gern auf der Kühlerhaube. – Rechts ganz unten: Wenn das Zelt nicht mehr aufgestellt werden konnte, schlief man zur Not auch einmal im treuen Gefährt. Auf Bequemlichkeit kam es dabei nicht an.

Kolumbien zu gelangen. Von Buenos Aires aus ging es per Schiff nach Kapstadt. Über Rhodesien, Tansania erreichten sie Kenia, von dort reisten sie auf dem Nil nach Khartoum (Sudan) weiter. Über den Tschad kamen sie nach Lagos in Nigeria. Doch hier war für den treuen motorisierten Reisegefährten Endstation. Bisher hatte man immer noch alle Reparaturen selbst ausführen können, doch nun ging gar nichts mehr.

Wieder in Deutschland zurück, wurde der Reisebericht von der Firma Glas vielfach verwertet. Unter dem Titel »Traumreise zu Dritt« kam 1965 ein Film in die Kinos. Doch da das Filmmaterial vom ersten Teil der Reise kaum zu verwenden war und die Firma Glas besonderen Wert auf sein neuestes Modell legte, zeigte man die Reise in umgekehrter Richtung und nur das neueste Modell: »Isar 700«.

Bildung muss sein

VON KIRCHEN UND ANTIKEN STÄTTEN

Studien- oder Bildungsreisen hatten immer Konjunktur. Im 18. und 19. Jahrhundert waren es junge Adlige, die auf ihrer Kavalierstour durch Europa reisten sowie Künstler oder Dichter, die vor allem die antiken Stätten kennenlernen wollten.

Als Reisender will und wollte man seine Bildung durch die persönliche Anschauung vervollkommnen. Die antiken Stätten in Griechenland und Italien sind bis heute das Ziel der Kulturreisenden.

Wenn nicht auf eigene Faust, so wird in der Gruppe mit einem kundigen Führer gereist. Einer der ersten Spezialisten Dr. Hubert Tigges, der seit Ende der 20er-Jahre »Gemeinschaftsfahrten« veranstaltete. Sein Angebot begrenzte sich zunächst auf das benachbarte Ausland.

Zehn Jahre nach Ende des Ersten Weltkrieges hatte er seine erste Fahrt, es war Frühling, nach Paris organisiert. Etwa zwei Dutzend Männer und Frauen waren dabei: in Kniehosen, Lodenmänteln und Rucksäcken, an denen das Kochgeschirr angehängt war. Hubert Tigges war mit dabei und campierte mit seiner Truppe im Bois de Boulogne. Hier schlugen sie ihr Zeltlager auf. Der Pariser Bürgermeister begrüßte die Gäste mit einem Buffet. Ein viel versprechender Anfang; doch er sollte sich so nicht wiederholen.

Tigges war ein Arbeitersohn aus einem sauerländischen Dorf. Er hatte das Glück studieren zu können und war 1914 Kriegsteilnehmer. Aus dem Krieg kehrte er als Pazifist zurück und schloss sich dem Bund »Quickborn«, einer christlichen Jugendbewegung, an. Er begann ein Studium der Volkswirtschaft und promovierte. Auf den Doktortitel war er sein Leben lang stolz und dieser schmückte dann auch seinen späteren Firmennamen. Als Volkshochschul-Dozent verdiente er sich seinen Lebensunterhalt. 1925 gründete er den »Europakreis«. Eine Organisation, die sich damals schon für ein vereintes Europa einsetzte. Die Europa-Idee ist dann der Motor für die Reisen, die er nun begann zu organisieren. Sie führten ganz gezielt zu den ehemaligen Kriegsgegnern, um deren Kultur besser kennenzulernen: eine Versöhnungsgeste. Er veranstaltete jährlich etwa 20 Fahrten; die Kosten betrugen je nach Ziel 20 bis 200 Reichsmark. Nach der Machtübernahme durch die Nationalsozialisten verliert Tigges seine Anstellung als Hochschullehrer und macht sich als Reiseveranstalter selbstständig. Schon 1934 bietet er eine Reise nach Mallorca an. Doch alles endet mit Beginn des Zweiten Weltkrieges.

Erst 1948 kann er seine ersten Fahrten wieder aufnehmen. Für den Pionier der Studi-

Ab Ende 1955 startete der Reiseveranstalter Dr. Tigges von Düsseldorf aus sein Fluggeschäft. Jeweils 36 Passagiere (so viel wie in einem Reisebus) hatten in den drei zweimotorigen Vickers Viking Platz. Ein Flug nach Mallorca war auch nicht wesentlich teurer als eine Busreise. Sein Flugangebot nannte Tigges wie seine Gruppenreisen »Fahrten«. Die Maschinen waren gut ausgelastet. Über ein Viertel der 35 000 Urlauber, die das Wuppertaler Unternehmen 1957 betreute, waren Fluggäste.

Dr. Tigges war Spezialist für Studien- und Gruppenfahrten. 1928 hatte Hubert Tigges »Gemeinschaftsfahrten Dr. Tigges« gegründet und organisierte Reisen als »Wanderfahrten mit Zelt und Kochtopf« ins benachbarte Ausland. Um das bildungsbürgerliche Publikum für sein Reiseangebot zu interessieren, wählte er auch schon einmal ein Motiv aus der Kunstgeschichte für seine Prospekte. Für die »Frühjahrs-, Oster- und Sommerfahrten 1960« war es der »Eselreiter« von August Macke (1914).

enfahrten hatte der Reiseleiter eine wichtige Funktion. Dieser sollte alle Teilnehmer »für das Gastland ... begeistern«. 1953 gründete er eine zweimal im Jahr stattfindende »Reiseleiter-Akademie« und 1956 bot er zum ersten Mal eine Non-Stop-Flugreise nach Mallorca an. Ein Jahr später fliegt Dr. Tigges als erstes deutsches Reiseunternehmen mit eigenen Flugzeugen.

Tigges nannte seine Flugreisen wie seine Gruppenreisen »Fahrten«, ein Prinzip, dem er treu blieb. Die Maschinen waren gut ausgelastet, denn »ein Mallorca-Umlauf« dauerte einen ganzen Tag. Über ein Viertel der 35 000 Urlauber, die das Wuppertaler Unternehmen 1957 betreute, waren bereits Fluggäste. Ende des gleichen Jahres meldete Tigges' Partner, die Luftreederei Herfurtner, Konkurs an. Man gründete eine Auffanggesellschaft, die Transavia, doch auch diese ging insolvent. Danach übernahm LTU die Flugzeuge und führte die Tigges-Flugreisen weiter durch. Die Flugkosten stundete man dem Reiseunternehmen, damit es seine Verbindlichkeiten abbauen konnte. Doch diese wirtschaftliche Pleite änderte nichts an der Begeisterung für Bildungs- oder Studienreisen. Dr. Tigges blieb im Geschäft – bis heute.

Griechenland war und ist das im wahrsten Sinne des Wortes klassische Ziel von Studien- oder Bildungsreisen. – Oben: Blick auf die Akropolis von Athen – damals noch smogfrei und gut erhalten. Sie stand selbstverständlich bei Touren an erster Stelle des Besichtigungsprogramms noch vor dem Parthenon, dem Gefängnis des Sokrates, dem Dionysostheater oder dem Nationalmuseum. Am zweiten Tag fuhr man nach Daphni-Eleusis, Loutraki und Korinth. Die übrigen Tage standen zur freien Verfügung, bevor es am achten Tag abends wieder mit dem Schiff zurück nach Neapel ging.

Rechts: Die Karyatiden vom Erechtheion auf der Akropolis in Athen. Schiffsreisen waren damals im Angebot der Veranstalter noch spärlich. Die »Nea Hellas« war das Flaggschiff der TOUROPA. Gebucht werden konnte eine elftägige Reise ab Neapel. Am Abend des dritten Tages lief man im Hafen von Piräus ein und blieb dort bis zum achten Tag.

Links: Selbstverständlich zählte auch die »ewige Stadt« zu einem Hauptziel der Bildungsreisen. Der Konstantinbogen, der größte Triumphbogen Roms, und das Kolosseum, der größte geschlossene Bau der römischen Antike, zieren den Reiseprospekt für den Bildungsurlaub so plakativ wie ein Lehrbuch für den Lateinunterricht.

Unten: »Kulturelle Reisen [haben] das Kennenlernen der Länder und Menschen mit all ihren Eigenarten und schöpferischen Leistungen in Gegenwart und Vergangenheit zum Ziele. Andere Reisen zu geweihten Glaubensstätten sollen dem Erlebnis der Festtage zu Weihnachten und Neujahr besonderen Glanz und besinnliche Tiefe verleihen«, heißt es im Vorwort eines Tigges-Prospektes 1958/59. Die Kartenskizze verzeichnet die europäischen und nordafrikanischen Reiseziele. Im Angebot waren 13 Flugreisen; darunter kombinierte Bahn- und Flugreisen nach Bordighera (italienische Riviera), eine Flug-, Schiffs- und Busreise nach Sizilien sowie eine Fernflugreise nach Indien.

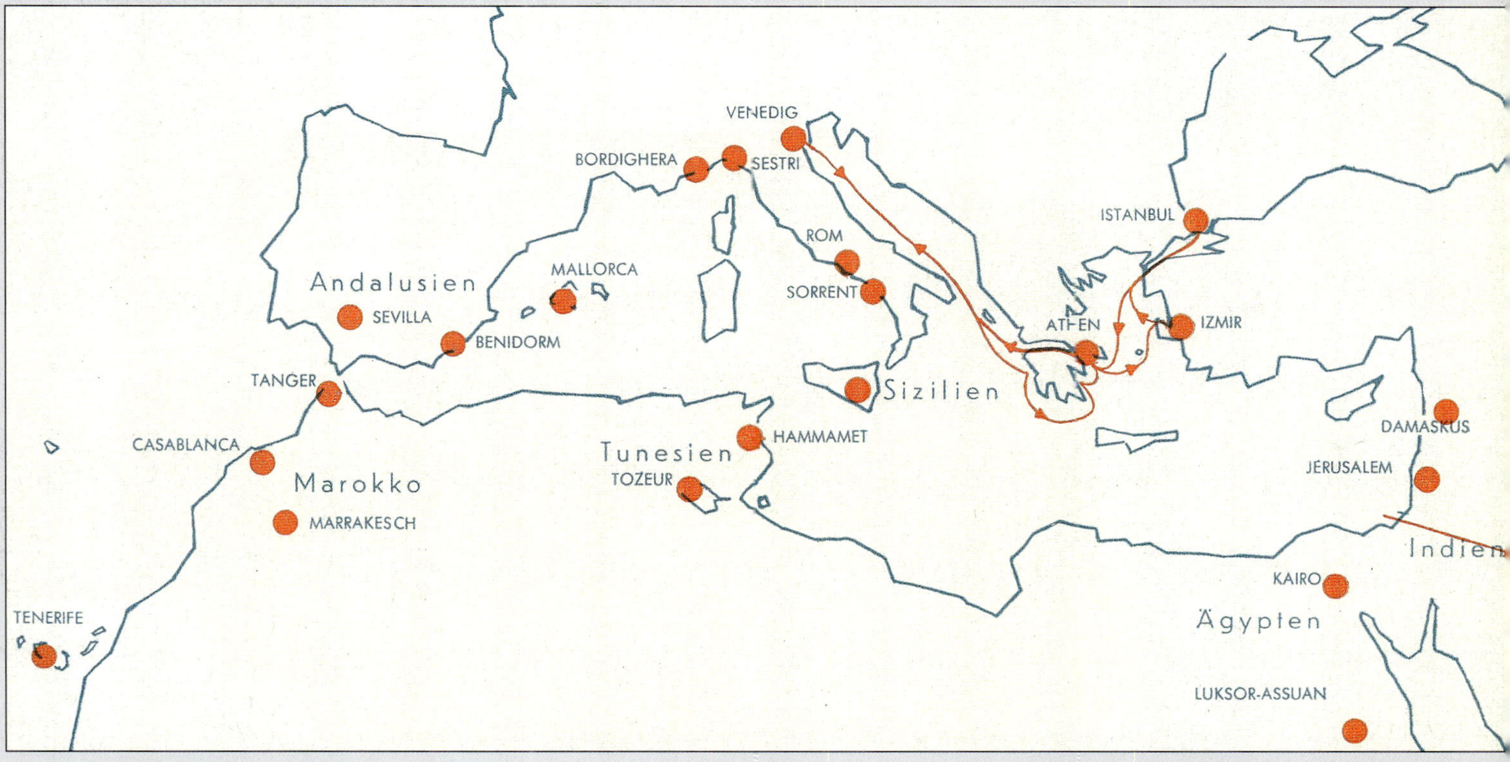

Links: Blick auf Istanbul. Die Flugreise war mit einem Aufenthalt in Athen kombiniert: 13 Tage ab Düsseldorf zum Preis von 1304 DM (ab Frankfurt am Main 1264 DM). Zuerst besichtigte man Athen, am siebten Tag ging es nach Istanbul: »Athen und Istanbul, klassische griechische Tempel und gewaltige islamische Moscheen. Wiege des Abendlandes das eine, glanzvolle Schwelle zum Orient das andere, und durch eine spannungsreiche Vergangenheit vielfältig miteinander verbunden, durch die Bande der byzantinischen Kultur miteinander verwandt«.

Rechts: Jerusalem war eine der Stationen einer 15-tägigen Weihnachts-Flugreise für 1618 DM. Über Kairo ging es nach Jerusalem, um am Abend des zweiten Tages in Bethlehem an der Mitternachtsmesse teilzunehmen. Man blieb vier Tage in Jerusalem, um den Tempelberg, den Felsendom, den Herodes-Palast und den Ölberg, Siloe, Bethesda, Gethsemane, Golgatha sowie die Grabeskirche zu besichtigen. Darüber hinaus wurde ein Ausflug nach Hebron angeboten.

Vor dem Petersdom in Rom wartet ein Kutscher im Schatten der Kolonnaden des Petersplatzes auf fußmüde, aber bildungshungrige Touristen. Zu dieser Zeit war Pius XII. Papst und die Touristenströme in die Stadt am Tiber waren noch nicht so gewaltig wie heute. Der Petersplatz geht auf die Entwürfe von Gian Lorenzo Bernini (1598–1680) zurück und wurde in den Jahren 1656 bis 1667 während des Pontifikats von Alexander VII. gebaut. Bernini hatte noch einen weiteren Säulengang vorgesehen. Dieser wurde jedoch durch den Tod des Papstes 1667 nie ausgeführt. Der Petersplatz gehört zum Territorium der Vatikanstadt.

Die Sphinx und Pyramiden von Gizeh. Die Flugreise nach Ägypten kostete für 16 Tage ab Düsseldorf und Frankfurt am Main 1098 DM. Kaum ein Land, schrieb der Prospekt, sei »so zwiegesichtig und kontrastreich, so von Geheimnissen umwittert«. Die Stationen waren Kairo, Luxor und Assuan. Interessant sind die Zuschläge für die Reise: Visumkosten 10 DM, Einbettzimmer 3 DM, Zimmer mit Bad 5 DM pro Person und Tag. Für die Devisenbeschaffung wurden 8 DM plus 2 Prozent des »Taschengeldbetrages« berechnet.

Mit der Heinkel nach Gizeh

FERNWEH-ABENTEUER AUF ZWEI RÄDERN

Drei Paare und drei Heinkel-Roller gingen 1954 auf große Fahrt: In fünf Wochen reisten sie über 8000 Kilometer durch sieben Länder zu den Pharaonen. Heinkel baute den Viertakt-Roller, der als sehr robust galt. Unter der Sitzbank, Spötter sprachen von einem »Sofa«, lag der 11-Liter-Tank, dessen Füllung für 400 Kilometer reichte. Ideal für eine derartige Reise war neben der guten Federung des Rollers unter anderem auch die Tatsache, dass er gut zu beladen war. Der »Lastesel« bot in einem Fach unter der Sitzbank und auf dem klappbaren

Gepäckträger vorn und hinten genügend Platz. Der 198 Zentimeter lange und 129 Kilogramm schwere Roller hatte ein zulässiges Gesamtgewicht von 285 Kilogramm. Die sechs Abenteuerlustigen muteten ihren Rollern jeweils etwa einen Zentner Gepäck zu. Viele Schlagbäume säumten den Weg über Österreich, Jugoslawien, Griechenland, Türkei, Syrien bis in den Libanon. Von Beirut ging es mit dem Schiff bis ins ägyptische Port Said und dann weiter nach Gizeh. Zurück ging es per Schiff von Alexandria nach Piräus und dann auf dem Landweg nach Hause.

Mit einer Stückzahl von insgesamt 160 000 gehörte der »Heinkel Tourist« zu den beliebtesten Fortbewegungsmittel im Wirtschaftswunder-Deutschland. Er bot mehr als die gängigen Zweitakt-Roller oder Mopeds. Mit seiner etwas ausladenden Verkleidung und der Möglichkeit bis zu 194 Kilogramm zuzuladen war der »Tourist« ideal für weite Urlaubsreisen zu zweit. Die technischen Daten: Einzylinder-Viertaktmotor, 149 bis 174 ccm Hubraum, 7,2 PS bei 5200 U/min bis 9,5 PS bei 5700 U/min, mit Elektrostarter, Verbrauch weniger als 3 Liter Benzin auf 100 Kilometer bei einer Höchstgeschwindigkeit von 95 Stundenkilometer, die sogar noch mit einem Plexiglas-Brustschild auf 110 Stundenkilometer gesteigert werden konnte. Insgesamt verbrauchte man auf der Reise 900 Liter Benzin. Die Reisekosten beliefen sich auf 3900 DM.

Linke Seite: Einschiffen in Alexandria für die Überfahrt nach Piräus (links oben). In Jugoslawien kam es zu einem Treffen zwischen Esel und Motorroller (links unten). – Am Ziel in Gizeh (rechts oben): Um die Pyramiden zu umrunden, musste der Roller-Sattel mit dem eines Kamels getauscht werden.

Rechts oben: Blick über die Altstadt von Kairo mit der Hassan- und Rifai-Moschee. – Rechts unten: Bepackt und bestaunt.

Wie man reiste...

UND WIE UND WO MAN UNTERKAM

Bevor das Flugzeug zum Massentransportmittel wurde, verreiste man mit dem Zug, vor allem im Inland. Häufig diente der Reisebus als Transportmittel, der nicht nur Ferienorte ansteuerte, sondern insbesondere für Rundreisen ideal war – auch ins Ausland. Nur wer ein Motorrad, einen Motorroller oder gar schon einen eigenen Pkw besaß, fuhr selbst motorisiert in die Ferien. Bei Pauschalreisen mit dem Zug oder Bus, später auch bei den Fernreisen mit dem Flugzeug, wohnte man in sogenannten Fremdenzimmern in kleinen Pensionen, Gasthöfen oder im Hotel. Wer auf eigene Faust unterwegs war, bevorzugte die preiswertere Variante des Campings, das immer mehr Anhänger fand.

24

Mit Auto, Bus oder Bahn

DIE VIELFALT DER FORTBEWEGUNGSMITTEL

1951 waren erst 715 904 Pkws auf bundesrepublikanischen Straßen zugelassen. Im Laufe des Jahrzehnts nahm die Zahl zu und 1955 lief der einmillionste VW-Käfer vom Band. Er kostete 3500 DM. Ansonsten fuhr man DKW, Opel oder Ford Taunus, selbstverständlich auch die Nobelmarken Mercedes, Borgward oder BMW und im Arbeiter- und Bauernstaat den P 70 oder später einen Trabant. Hoch im Kurs stand das Zweirad beziehungsweise der Motorroller: Dieser kostete bis zu 1600 DM.

Wer es sich schon leisten konnte, war mit dem Reisemobil unterwegs. Mit ihm war man überall zu Hause. Das behauptete zumindest die Werbung der Firma MIKAFA im westfälischen Minden, die Reiseanhänger in Ganz-Leichtmetall-Bauweise herstellte. Es gab nun einen neuen, mobilen Urlauber. Das »Umhervagabundieren« wurde zu einer der beliebtesten Ferienvarianten.

Dazu gehör(t)en auch die sogenannten rollenden Hotels. Die Rotel-Tours des Busunternehmers Höltl sind bis heute die etwas andere Art des Camping-Reisens: individuell und doch in geselliger Runde, »ohne Einzelzimmerzuschlag« in der Rotelkabine, einer patentierten Schubladen-Schlafkabine von zwei Metern Länge, 75 Zentimetern Höhe und 75 Zentimetern Breite.

Mit dem Zug war alles bequemer und vor allem kostengünstiger. Wenn man eine »gepflegte Gesellschaftsreise« buchte, so waren im Preis neben der Hin- und Rückfahrt inbegriffen: die Liegewagengebühr und D-Zug-Zuschläge, 7 Tage Unterkunft mit komplettem Bohnenkaffee-Frühstück, Gutscheine für Mittag- und Abendessen beziehungsweise Vollpension, Zimmerreinigung, Schuhputzen (1 Paar), Lichtbedienung, Kurabgaben, Reiseleitung, Spaziergänge und Ausflüge mit Führung, Eintritt zu Unterhaltungsabenden. Das war geradezu ein Schnäppchen.

Im Angebot des sogenannten »Sozialtourismus« standen Urlaubs- und Erholungsreisen für wirtschaftlich schwache Bevölkerungsgruppen. Sie wurden vor allem organisiert von der Gemeinschaft für Sozialtouristik und Reisesparen e.V. (GESOREI), die 1951 von der Deutschen Feriengemeinschaft GmbH (DFG) des Deutschen Gewerkschaftsbundes gegründet worden war und preiswertes Reisen durch Mengenrabatt ermöglichte.

Das Fliegen war für große Teile der Bevölkerung noch keine Selbstverständlichkeit wie im heutigen Charter-Zeitalter. Es war für den, der zum ersten Mal in einem Flugzeug Platz nahm, aufregend und ein kleines Abenteuer.

Vorhergehende Seite: Eine Propellermaschine wartet auf dem Aeropuerto de Son San Juan von Palma de Mallorca. In den 30er-Jahren kamen 50 000 Urlauber nach Mallorca, 1950 waren es schon knapp 100 000. Die Anzahl vervielfacht sich rasch. Heute werden bis zu 12 000 Fluggäste in der Stunde abgefertigt …

Linke Seite: Aus einem Prospekt für Busreisen: »Durch die weiten Fenster der modernen Touring-Luxusbusse eröffnen sich immer neue Ausblicke. (...) Nur etwa fünf bis sechs Stunden pro Tag sitzen Sie in den bequemen Schlafsesseln des Luxuswagens. Die übrige Zeit des Tages dient Besichtigungen und guten reichlichen Mahlzeiten, Stops zum Fotografieren und Pausen an besonders reizvollen Punkten ...«

Oben: Mit Dampf geht es im Autozug über den legendären Hindenburgdamm. Er wurde 1927 eingeweiht, ist elf Kilometer lang und ragt in seiner Krone 6,30 Meter aus dem Wasser. Es gibt nur den Eisenbahndamm. Wer mit dem Auto vom Festland auf die Insel Sylt will, muss seinen Wagen in Niebüll verladen lassen. Die Fahrt auf dem Damm selbst dauert etwa zehn Minuten, die gesamte Fahrt von Niebüll nach Westerland 30 Minuten. Heute fahren mehr als hundert Züge und es werden über 450 000 Kraftfahrzeuge transportiert.

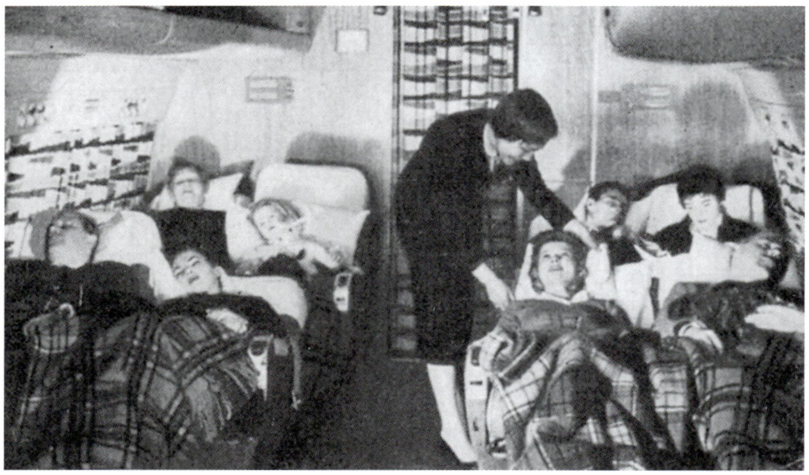

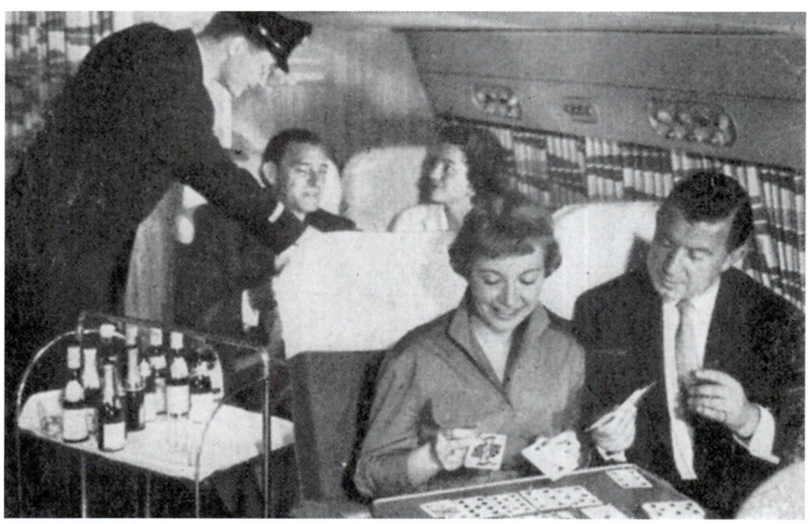

Oben: Flugreisen waren lange Zeit noch nicht so selbstverständlich wie es die Prospektfotos glauben machen wollen. Das Angebot enthielt »Bordverpflegung, Gepäcktransport im Ausland, Transfer zum Hotel und zurück, Unterbringung in Zweibettzimmern und Vollpension während der gesamten Aufenthaltsdauer, Bedienungsgelder, alle Abgaben und örtliche Reiseleitung.«

Rechts: Der Zug war das Hauptverkehrsmittel. Hier der erste Nachkriegs-Rheingold-Zug im Kölner Hauptbahnhof im Jahre 1951. Auch hier sind noch teilweise Zerstörungen an der Bahnhofshalle durch den Krieg sichtbar. Der Bahnhof – ein Durchgangsort –, ein Ort der Ankunft oder Abfahrt, des Umsteigens, aber nicht des Aufenthalts. Heute begleiten in Großbahnhöfen ausgedehnte Konsummeilen mit kundenfreundlichen Öffnungszeiten die An- und Abreise.

4711
KÖLNISCH
Köln Hbf
4711
Weltberühmt durch Qualität!

Rechte Seite oben: Die »Nea Hellas« ermöglichte elftägige Schiffs-Bildungsreisen von Neapel nach Piräus und zurück eingesetzt. Die Ausstattung an Bord war recht einfach, so vor allem auch die Zwei-, Drei- und Vierbett-Kabinen der sogenannten Kajütenklasse. Der Pauschalpreis schloss die Verpflegung während der Seereise und während der Liegezeit in Piräus, Ein- und Ausschiffungsgebühren in den Häfen, zwei ganztägige Ausflüge ab Piräus inklusive Reiseleitung ein. Der Prospekt betonte, dass »Trinkgelder an Bord, Getränke und persönliche Ausgaben« im Preis nicht eingeschlossen waren. Jeder Teilnehmer musste einen gültigen Reisepass haben und Visa für die doppelte österreichische und italienische Durchreise sowie für die Einreise in Griechenland. Die Devisen mussten »durch Einzelanträge« bei den Reisebüros beantragt werden. Das »Taschengeld« im Gegenwert bis zu 125 DM pro Person wurde vom Veranstalter bei einer Gebühr von 3 DM besorgt.

Oben: Der Schmetterling war das TOUROPA-Logo, symbolhaft für Leichtigkeit, Freiheit und Begegnung mit der Natur. Auf dem Umschlag des »Ferienreiseprogramms mit dem Ferienexpress« von 1952 haben die Reisenden im Zug keinen Blick für die am Abteilfenster vorbeiziehende Landschaft. Sie schauen sich lieber interessiert einen Bildband an …

Rechts: Frühstück im Liegewagenabteil, fast wie zu Hause. Nur dass auch hier am Abteilfenster die schönste Berglandschaft wie im Film vorbeizieht. – Im Pauschalpreis sollte auch immer ein kleines Stück Luxus enthalten sein.

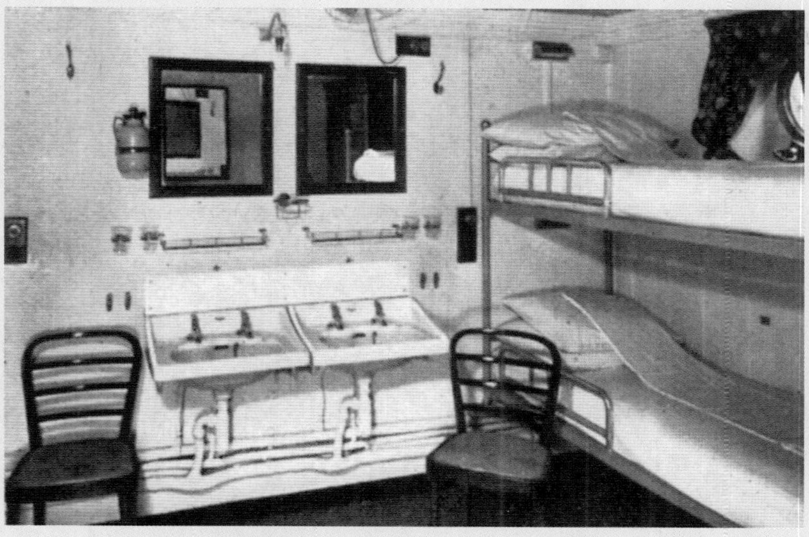

Links unten: Die Abreise in den Urlaub war stets ein Ereignis. Die hier fröhlich winkenden vier jungen Leute am Abteilfenster auf dem Prospekt von Scharnow-Reisen vermitteln die Freude auf die freien Tage und die Zugfahrt. Auch wenn die Ziele noch nicht so weit weg sind: Es geht an die Nord- und Ostsee, in die Mittelgebirge, in den Schwarzwald, an den Bodensee, ins Allgäu, in die Bayerischen Alpen und über die Grenze nach Tirol, Kärnten, ins Salzkammergut sowie noch weiter nach Südtirol, an den Gardasee, an die Adria und Riviera oder in die Schweiz.

Oben: Ein Zugreiseleiter oder »Page« reicht dem geschätzten weiblichen Fahrgast im Abteil Feuer. Rauchen galt noch nicht als gesundheitsschädigend, war noch nicht gesellschaftlich geächtet, es war einfach chic und vermittelte den Hauch von Luxus und Freiheit.

Links oben: Auch die schönsten Tage gehen einmal zu Ende. Nicht selten wurde damals noch kurz vor Beginn der Heimreise der Urlauber auf dem Bahnsteig von seinem Gastgeber herzlich mit einem kleinen Blumenstrauß verabschiedet. Manchmal hatte bei der Ankunft sogar die örtliche Blaskapelle aufgespielt. Auch wenn der Reiseprospekt die Szene ein wenig idealisiert darstellt: Der Feriengast hatte nicht nur eine ökonomische Bedeutung für die Fremdenverkehrsorte. Häufig entstanden auch freundschaftliche Beziehungen zu den Pensionswirten. Und nicht selten fuhr man über Jahrzehnte immer wieder an den gleichen Ort und in die gleiche Unterkunft.
Unten: Im Zug versuchte der Schlaf- oder Liegewagenbegleiter seinen Gästen die Reise so angenehm wie möglich zu gestalten.

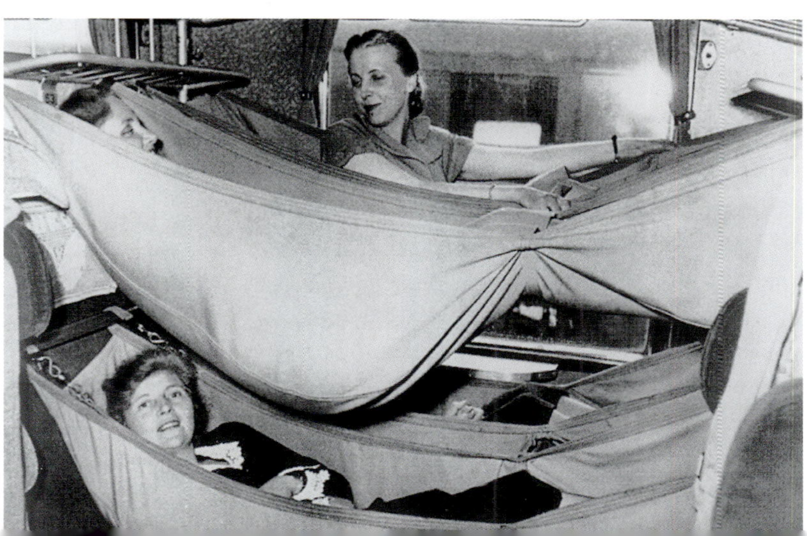

Links: Entspannung in der Hängematte. Warum sie nicht auch gleich auf einer Nachtfahrt in Sonderzügen im Liegenwagen anbringen? Das war die Idee experimentierfreudiger Bahn-Reiseveranstalter Mitte der 50er-Jahre. Diese eher einem Zeltlager abgeschaute Variante eines Liegewagens setzte sich jedoch nicht durch: Es war einfach zu unpraktisch und hatte den Anschein eines Massen- oder Viehtransportes, der nicht mehr viel mit den Komfort- und Behaglichkeitsversprechen der Reiseveranstalter zu tun hatte.

Mit Schlaf- und Liegewagen

DER URLAUB BEGINNT MIT DER ANREISE

Statt zwölf Stunden mit dem Zug in der »Bretterklasse« von Norddeutschland nach Oberbayern zu reisen, ging es auch bequemer: in einem Schlaf- oder Liegewagen. Doch das war zunächst für Otto Normalreisende nicht billig, sollte es aber sehr schnell werden – durch eine Finanzoperation cleverer Reiseunternehmer.

Um günstige Tarife mit der Deutschen Bahn zu erhalten, hatte der Reiseveranstalter TOUROPA 1952 einen zinsgünstigen Fünf-Millionen-Kredit der Bahn zum Bau von 24 Liegewagen vermittelt. Darüber hinaus übernahm die TOUROPA auch die Mehrkosten für die Ausstattung der Liegewagen.

Erst ein Jahr zuvor gründete sich die TOUROPA aus der Arbeitsgemeinschaft DER-Gesellschaftsreisen, die 1948 von dem Bremer Reisebürokaufmann Dr. Carl Degener mit dem Amtlichen Bayrischen Reisebüro und der gemeinsamen Reisebüro-Organisation von Hapag und Lloyd gebildet worden war. Sie bot nun Urlaubern aus dem Westen und Norden der Republik, die nach Oberbayern oder in die Alpen wollten, höchst bequemes Reisen an und verkündete dessen Vorzüge: Die »Abteile [wurden] wesentlich verbreitert und durch Polsterkopfstützen noch behaglicher gestaltet.«

»Behaglichkeit und Komfort« wollten die Reiseveranstalter bieten. Der Gast sollte schon bei der Anreise rundum angenehm und zuvorkommend versorgt werden. Die Ferien sollten mit der Abreise beginnen und enden. So polsterte man die Sitze weich und die Liegebetten sollten für jedermann bequem sein. Der Speisewagen allerdings war nicht preiswert, außer man buchte die Verpflegung bereits im Pauschalpreis mit. Nachtzüge boten außerdem den Vorteil, dass sich der Reisende bei der Hin- und Rückfahrt einen Tag mehr Urlaub verschaffen konnte.

Die TOUROPA entwickelte sich zu einem der größten Reiseanbieter auf dem europäischen Markt. Auf dem heimischen Markt hatte sie mit der Gründung von Scharnow-Reisen im Jahre 1954 einen veritablen Konkurrenten erhalten. Das in Hannover ansässige Unternehmen hatten Wilhelm Scharnow,

»Für Ihren Urlaub ist nur das Beste gut genug«, lautete einer der Werbeslogans der TOUROPA. Es sollte dem Fahrgast auch an nichts mangeln: zum Beispiel ein Friseurstudio an Bord eines Liege- und Schlafwagens, damit die Frisur nach einer Nacht in den Stockliegen wieder ordentlich sitzt. Bei günstigen Pauschalreisen erscheint dieses Service-Angebot als der reine Luxus, von dem man in heutigen Zeiten nicht mehr zu träumen wagt.

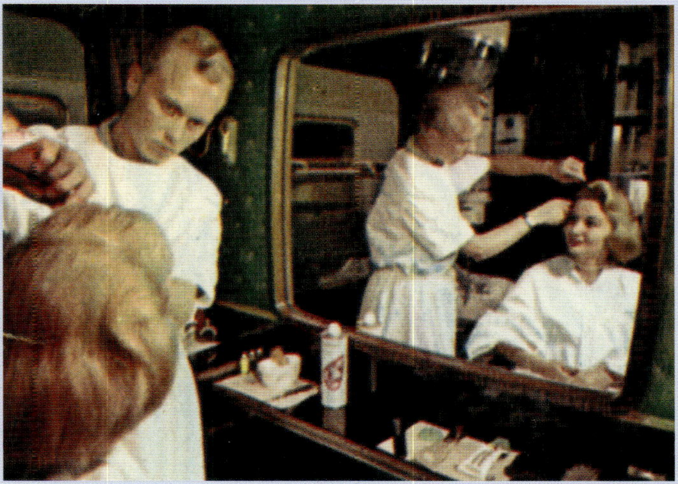

Ebenso gelungen war die Verwöhnung mit einem großzügigen Frühstück, das im Abteil serviert wurde. Mit Musik, Lesestoff und Spielen war ausreichende und vielfältige Unterhaltung garantiert. Und selbstverständlich verkehrte die Züge im Gegensatz zu heute pünktlich. Für »vorbildliche Betreuung« sorgten uniformierte Zugbegleiter. TOUROPA versicherte seinen Kunden, den »schönsten Ferienzug der Welt« im Angebot zu haben.

Walther Kahn und Hanns-Albrecht Seifert gegründet. Auch sie boten Bahn-Pauschalreisen an und fuhren schon bis nach Jugoslawien. Auf ähnliche Weise wie die TOUROPA kooperierte Scharnow-Reisen mit der Bahn.

Der Preis bestimmt das Geschäft mit dem Urlaub bis heute. Die Reiseveranstalter versuchten schon damals, ihre Angebote so günstig wie möglich zu gestalten. Sie erzielten Einkaufsvorteile bei der Bahn und bei der Belegung von Pensionsbetten gaben sie an die Kunden weiter. 1955 kostete eine Woche Ruhpolding in Oberbayern mit Anreise von Hamburg sowie Unterbringung bei »Vollverpflegung« in einem Privatzimmer 141 Deutsche Mark. Allein die Einzelfahrkarte hin- und zurück kostete bei der Bahn regulär bereits 118 Mark. Nicht erst heute wundert man sich über die günstigen Tarife bei einigen Pauschalangeboten. Schon vor über 50 Jahren gab es echte Schnäppchen.

Oben: Auch nachts kann man sich dem Schienentransport sorglos anvertrauen. Behaglichkeit ist garantiert: Auch in Schlips und Anzug kann sich der Fahrgast in einem Liegewagen zur Ruhe betten. Es sollten damit auch Geschäftsreisende angesprochen und die Etikette gewahrt werden. – Rechts: Auch der Prospekt für das TOUROPA-Ferienreiseprogramm von 1954 nimmt noch einmal die Dynamik der Bahnreise auf. Unbeschwert wie ein Schmetterling auf einer Klatschmohnblüte der Reisende die Zugfahrt erleben.

Rechte Seite: Für den Service im Schlaf- oder Liegewagen ist stets gesorgt. In seiner »Winterfibel« erläutert Scharnow unter der Überschrift »Mehr als eine Winterreise« seine Veranstalter-Philosophie: Zu vermitteln sei das »Grundgesetz, Ferientage so gewissenhaft und maßgerecht vorzubereiten, dass sie vom ersten Tag an zum glückhaften Urlaubserlebnis werden! Der Gast soll mit dem Betreten des bequemen Liegewagens spüren, dass er sich einer bewährten und leistungsfähigen Organisation anvertraut hat.«

Für den Wintergast wurde »aus der Fülle des Guten das Beste ausgewählt: bestechende Höhenlagen mit absoluter Schneesicherheit, erstklassige Hotels, in denen man sich wohl fühlt, eine Vielzahl verlockender Einzelangebote, Heilkuren auch im Winter, Fahrten an die Riviera mit ihrem milden Winterklima und viele andere touristische Spezialitäten.« Als besonderes Merkmal gelte, dass es kein »Reglement und kein Schema« gebe. Denn »in großzügiger Ungebundenheit kann der Gast das tun oder lassen, was allein Laune und Stimmung in sorgloser Urlaubsatmosphäre ihm vorschreiben. Und dennoch darf er zu jeder Stunde des aufmerksamen, aber unaufdringlichen Services gewiss sein.«
Zum Zugservice gehörten: Platzkarten, Liegebett mit Kopfkissen und Leselampe, Schlafdeckenverleih, zusätzliche Waschräume in jedem Wagen, Speisewagen und für die Rückfahrt waren 2 DM für den »Verzehr eingeschlossen«.

ARBEITSGEMEINSCHAFT DER GESELLSCHAFTSREISEN
DEUTSCHES REISEBÜRO · HAPAG-LLOYD REISEBÜRO · AMTL. BAYER. REISEBÜRO · REISEBÜRO DR. CARL DEGENER

Links: Der Zug war pünktlich. Der Blick richtet sich auf die Uhr. Doch wo steht der Anschlusszug, scheint man sich zu fragen. In den 50er-Jahren war es keine Seltenheit, dass die Fahrgäste mit dem Zug aus ihrem Heimatort zum Abfahrtsort der Reise fuhren. Unten: Auch die Dolomiten waren nicht ohne Ruhpolding zu haben. Man reiste erst für etwa vier Tage nach Oberbayern, bevor man für drei Tage in die Heimat von Luis Trenker fuhr mittels »Autobusfahrt einschließlich Unterkunft und Verpflegung, Bedienungsgeldern, Steuern, Kurtaxe, Devisengebühren und Reiseleitung«.

Linke Seite: Adrett frisiert, modisches Kleid und Schuhwerk, der lässig auf die Lehne gelegte Arm, in der Hand eine Zigarettenspitze: man reiste elegant mit der Bahn. Während der Fahrt zieht das Postkarten-Deutschland vorüber, Rauchen ist gestattet und selbstverständlich. Der Reiseprospekt signalisiert Weltläufigkeit und Toleranz, während sich viele Zeitgenossen über Frauen mokierten, die in der Öffentlichkeit rauchten. Es galt als unschicklich und verstieß gegen den guten Geschmack. In Benimmbüchern war zu lesen, das »Rauchen als Sucht, wie alle Übertreibungen und Maßlosigkeiten, wirke bei einer Frau noch viel hässlicher« als bei einem Mann.

Oben: Damals waren große Transportvorrichtungen für die Skier nicht nötig. Sie wurden, zumindest beim VW-Käfer, einfach in die Stoßstange gestellt und am Kühlgitter oberhalb der Motorhaube befestigt: So waren sie schnell montiert, schnell abgebaut und machten keine großen Umstände. – Rechts unten: Mit dem Roller, natürlich einer Vespa, an den Strand. Der neu erstandene Hut wird dabei stolz vorgeführt.

Rechte Seite oben: Es war auch schon Anfang der 50er-Jahre verboten, auf der Autobahn zu halten. Doch auf dem ersten Teilstück der heutigen A7 im südlichen Niedersachsen ist weit und breit kein Fahrzeug zu sehen. Also genug Zeit für ein Erinnerungsfoto an die erste Ausfahrt mit der neuen Maschine. – Rechte Seite unten: Was dem einen seine »Isetta« von BMW ist, ist dem anderen sein Motorrad von BMW. Von Helmpflicht wollte man damals noch nicht viel wissen, im Hemd und im Pullover wagte man im Hochsommer einen Ausflug. Das Rollermobil »Isetta« hatte der Volksmund »Knutschkugel« getauft. 1955 kostete das Kleinauto 2580 DM; bis 1962 wurden 161 728 Coupés hergestellt, man erreichte damit aber noch nicht die Stückzahl des Goggomobils der Firma Glas aus Dingolfing. In den Tank passten 13 Liter Benzin, drei Liter davon waren die eiserne Reserve, die erst durch das Umlegen eines Benzinhahns »angezapft« werden konnten. Mit einer Tankfüllung kam man bis zu 400 Kilometer weit.

DEG-ES 1
DEG-CX 97
DEG-DW 55

Mit Wohnwagen und Reisemobil

MIT DEN EIGENEN VIER WÄNDEN UNTERWEGS

Die eigenen vier Wände und gleich auch noch den Hausrat huckepack in den Urlaub mitnehmen, das hat etwas Verlockendes. Die heimische Stube immer dabei zu haben, an jedem Ort, zu jeder Zeit. Eine reizvolle Variante, Ferien zu machen und räumlich ungebunden Land und Leute zu erkunden und die Natur zu genießen. Seit über 50 Jahren für viele nicht nur ein Traum, sondern eine jährliche Freude, wenn es auf große Fahrt geht. Vor allem Familien mit Kindern bieten sich außergewöhnliche Freiräume, auf die nicht nur die Kleinen hinfiebern.

Ein Wohnwagen hat keinen eigenen Antrieb und wird an einen Pkw angehängt. Ein Wohn- oder Reisemobil hingegen ist auf ein Basisfahrzeug (Kleintransporter oder -bus) draufgesetzt. Beide Arten gehören mittlerweile zu den am häufigsten genutzten Ferienunterkünften.

Wenn man den Historikern der Wohnmobile Glauben schenken darf, so soll schon Kleopatra eine derartige mobile Unterkunft mit sich geführt haben. Auch Napoleon, wenn er zu seinen europäischen Schlachtfeldern unterwegs war, hatte eine mobile Kommandozentrale dabei: Neben Stuhl und Klapptisch gab es auch Platz für Bücher, Karten und ein Bett. Der Weimarer Dichterfürst Goethe konnte ebenfalls auf eine rollende »Wohnchaise« zurückgreifen, in der auch ein Holzkohleofen eingebaut war.

Dies waren alles sehr eigenwillige, individuelle Vorläufer. Erst im England des 19. Jahrhunderts baute man »serienmäßig« zweiachsige Reisewagen als Variante zu den Pferdekutschen. Nach der Erfindung des Automobils waren bis zum Ende des Zweiten Weltkriegs weniger als tausend Reisewagen auf der britischen Insel unterwegs. In den USA war das »Caravaning« populärer und man liebte es, villenartige Mobile durch die Prärie zu steuern. In den 30er-Jahren kam die neue Form des Campings dann nach Deutschland. Der Peitschen- und Skistockhersteller Arist Dethleffs begann 1931 ein »Wohnauto« zu bauen und seit 1936 wird sein »Tourist-Hubdachwohnwagen« serienmäßig hergestellt.

In einem typischen Wohnwagen – in der Regel sind sie heute bis zu 4,50 Meter lang und etwas über zwei Meter breit – muss vieles Platz finden: zwei bis vier Schlafplätze, die tagsüber zu Sitzgruppen umgebaut werden können, eine Toilette und ein Küchenblock mit Spüle und Gaskocher. Früher waren die beiden 5-Kilogramm-Gasflaschen (maximal 11 Kilo) im Deichselkasten untergebracht. Was heute selbstverständlich ist, war in den 50er-Jahren in der heimischen Wohnung noch etwas Besonderes, doch im Wohnwagen purer Luxus: ein Kühlschrank.

Die Wohnwagen mussten stromlinienförmig sein, da die Automo-

Oben: Die Firma MIKAFA im westfälischen Minden baute ein legendäres motorisiertes Wohnfahrzeug. Für manchen bis heute ein Traumauto. In der Werbung dachte man da auch durchaus an viel reisende Geschäftsleute, doch das Wohnmobil beziehungsweise der Wohnwagen setzte sich zunächst bei fahrenden Händlern

Links: Dieser Mercedes 170 war im Alltag ein Direktionswagen; im Urlaub wurde er zur »Zugmaschine« für den Wohnwagen. Dafür mussten an den elegant geschwungenen Kotflügeln Außenspiegel angebracht werden.

und Schaustellern durch, erst danach auch bei Urlaubern.
Rechts oben: Draußen kann noch so ein hässliches Wetter sein, in seinem Wohnanhänger hat man es gemütlich, bequem und trokken. Warm ist es auch und für Lektüre ist gesorgt. Die Beine hochgelegt und schon fühlt man sich wie zu Hause.

bile noch nicht so zugkräftig waren. Für eine sehr lange Zeit war die Zugkraft des VW-Käfers maßgeblich für die Wohnwagenbauer, die nach dem Zweiten Weltkrieg mit Beginn des Campingbooms ihre Produktionszahlen steigern konnten. Nun suchten die Deutschen von Erlebnishunger getrieben und durch den wachsenden Wohlstand finanziell gerüstet, nach neuen Möglichkeiten, eine unabhängige Freizeit zu verleben. Das Auto, inzwischen ein Statussymbol, wurde mit Kind und Kegel voll gepackt – und ab ging es in den Süden. Camping war die preiswerteste Urlaubsvariante.

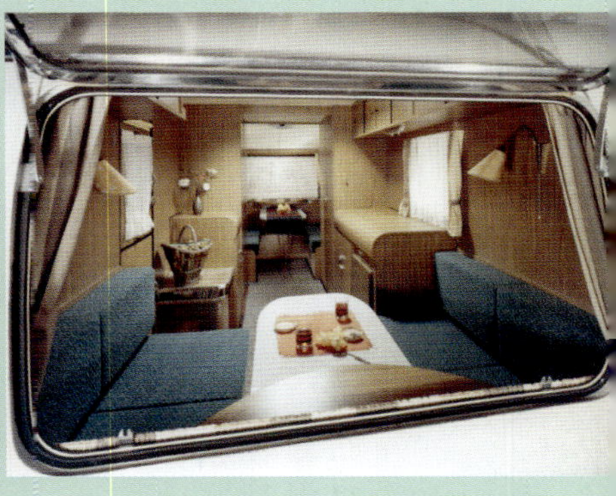

Westliche Wohnwagen wie der seit Ende der 40er-Jahre gebaute Hirth-Wohnwagen »Tramp« begeisterte durch seine windschnittige Nierenform. Kübelwagen und Sprinter sowie die ostzonale »Wanderniere«, besser bekannt als »Dübener Ei«, waren jedoch nicht billig und noch relativ selten in den 50er-Jahren auf den Camping- und Zeltplätzen in Ost und West zu sehen. Das »Dübener Ei« wurde seit 1936 gebaut, später bis 1990 vom VEB Campinganhänger Bad Düben produziert. Der Camping-Anhänger war mit Kochstelle, Kleiderschrank und Sitzecke, die zu einem Bett umfunktioniert werden konnte, für seine Größe (4 m lang, 2 m hoch und 2 m breit) recht komfortabel ausgestattet. Und: Das »Dübener Ei« passte (ohne Räder) in jede Garage.

Unten: Mit einem Fahrtenbuch seiner Lieblings-Benzinmarke wurde der Besitzer eines Pkws zum gewissenhaften Buchhalter. Doch das Fahrtenbuch war auch das Tagebuch der eigenen Ferienreise. Nach Datum notierte man Fahrtstrecke und Kilometerstand und errechnete die Tageskilometer. Eine Spalte war für die getankten Liter reserviert und die andere für den Preis. Ebenso konnte man den Ölverbrauch und die letzte Wagenpflege vermerken.

Oben: Sehr schnell reagierten die Mineralölgesellschaften auf den zunehmenden Autotourismus und boten ihren Kunden an den Tankstellen neben Benzin und Öl auch Autowanderkarten mit Beschreibungen ausgewählter Sehenswürdigkeiten sowie einem Hotel- und Raststättenverzeichnis an. In der Gestaltung des Titelblattes verzichtete man noch auf Fotos und bevorzugte eine idealisierende Zeichnung. Um die Tankkunden noch besser an sich zu binden, gab ARAL die Reisezeitschrift »blaumeise« heraus, die jedoch bereits nach nur sechs Ausgaben wieder eingestellt wurde.

Oben: Noch herrschte an dieser Tankstelle in Tuttlingen kein großer Andrang. Noch gab es nur wenige Zapfsäulen und außerdem waren die Tankstellen nur für den Wagenservice da. Es gab auch keine kleinen Einkaufsshops. Der Tankwart kam aus seinem Häuschen herausgeeilt, bediente seine Kunden, betankte den Wagen, reinigte die Scheiben, prüfte den Luftdruck und stand mit Rat und Tat zur Seite. 1955 gab es in Deutschland 5288 ARAL-Tankstellen und fünf Jahre später 5749. Der Verkauf von Vergaserkraftstoffen stieg von 956 000 Tonnen auf 2 174 000 Tonnen, bei Diesel von 639 000 auf 1 489 000 und bei Schmierstoffen von 40 000 auf 98 000 Tonnen, in fünf Jahren also um mehr als das Doppelte.

Links: Eine Pause muss sein. Die beiden Fahrer der Sonderfahrt nach Paris können ein wenig entspannen. Ihre Fahrgäste sind nun zu Fuß unterwegs und erkunden die französische Hauptstadt, besuchen den Louvre oder besteigen den Eiffelturm. So häufig fuhr man noch nicht in andere Länder. Deshalb war ein Erinnerungsfoto für die »Chauffeure«, wohl aber auch für sie selbst, durchaus üblich.
Rechts: Unfreiwilliger Zwischenstopp in den Tiroler Bergen. Auf der schmalen Bergstraße kommen dem Touristenbus, auf dem Bild nicht zu sehen, Almkühe entgegen. Die Einheimischen und der örtliche Postbus hatten das viehische Verkehrshindernis schon etwas früher gesehen und rechtzeitig rechts am Straßenrand angehalten.

Links: Eine Busreise von Norddeutschland in die Schweiz, in den Luftkurort Brunnen am östlichen Ufer des Vierwaldstätter Sees (Urner See) im Kanton Schwyz, war für damalige Verhältnisse schon eine große und weite Reise.
Rechts oben: Die Fassade des markanten Stuttgarter Hauptbahnhofs, von den Architekten Paul Bonatz und Friedrich E. Scholer entworfen, wurde mit grob behauenen Crailsheimer Muschelkalkquadern verkleidet. Auf dem 56 Meter hohen Turm rotiert ein im Durchmesser fünf Meter großer Mercedes-Stern.
Rechts unten: Postkarte vom Bremer Bahnhof: 1847 wurde an der Bahnstrecke nach Hannover der erste Bremer Bahnhof gebaut und an derselben Stelle von 1886 bis 1891 der heutige in Nordwest-Südostrichtung ausgerichtete Hauptbahnhof errichtet. An den beiden kleinen Türmen des Empfangsgebäudes sind die Stadtwappen von Hamburg, Bremen, Hannover und Köln angebracht, den vier wichtigsten Orten, mit denen Bremen über den Schienenstrang verbunden ist.

Kreuzfahrten waren in den 50er-Jahren noch etwas sehr Außergewöhnliches. Die Routen führten in den Norden, entlang der Fjordküste Norwegens bis zum Nordkap, und vor allem im Süden durchs Mittelmeer. In die »Neue Welt« fuhr man noch mit dem Überseedampfer.

Die Idee der Kreuzfahrten, Schiffsreisen nur zum Vergnügen zu machen, war Mitte des 19. Jahrhunderts in England aufgekommen. 1844 hatte man zur Auslastung der Schiffe Journalisten eingeladen, kreuz und quer durchs Mittelmeer mitzuschippern. Stationen waren Lissabon, Gibraltar, Malta, Korfu und Alexandrien. An Bord war unter anderem auch der Schriftsteller William Makepeace Thackeray, der äußerte: »Die Reise war so bequem, so reizend und so gewinnbringend, dass ich nicht anders kann, als sie jedem, der über die Zeit und die nötigen Mittel verfügt, zu empfehlen – die herrlichen Küsten des Mittelmeers, die Menschen dort, ihre Städte und die Natur.«

ITALIA

Rechte Seite: Der Heinkel-Viertakt-Roller »Tourist«, der ab 1953 (bis 1965) zuerst in Stuttgart, dann in Karlsruhe und später in Speyer produziert wurde. Er erreichte eine Stückzahl von insgesamt 160 000 und gehörte zu den beliebtesten Fortbewegungsmitteln im Wirtschaftswunder-Deutschland. Er bot mehr als die gängigen Zweitakt-Roller oder Mopeds und war somit die kostengünstige Alternative zu einem Pkw für die vielen, die sich noch kein Auto leisten konnten. Der robuste Roller, zuverlässig und wenig reparaturanfällig, war nicht nur ein Autoersatz, sondern auch eine ansprechende Variante zu einem Motorrad.

Oben: Mit dem Zug reisen heißt komfortabel reisen. Die Abteile sind richtig temperiert, die bequemen Sitzplätze bieten genug Beinfreiheit, auch in einem Großraumwagen.
Rechts: Ein Schneekristall fokussiert wie ein Brennglas den idealen Winterurlaub 1950/51 – zumindest so, wie es die damalige Werbung der Reiseveranstalter ihren Kunden schmackhaft machen wollte. Entspannt und wohlig in eine Wolldecke gewickelt genießt der verehrte Urlaubsgast die Sonne und wird durch den guten Service versorgt. Tiefster Schnee bietet die schönsten Voraussetzungen für den Wintersport. Und vor dem Hintergrund der weißen Gipfel rauscht auch noch der Ferienexpress vorbei, mit dem bequem und schnell das Ferienidyll zu erreichen ist.

Unser Traum ein
HEINKEL
Tourist

Mit dem Heinkel-Kabinenroller in den Orient

EINE ABENTEUERREISE ANNO 1957

Der erste Kabinenroller des ehemaligen Flugzeugbauers Heinkel wurde im März 1956 in Speyer produziert. Heinkel war es nach dem Zweiten Weltkrieg zunächst verboten worden, weiterhin Flugzeuge zu bauen. Das Verbot wurde 1955 wieder aufgehoben.

Zuvor hatte die Firma mit dem Motorroller »Tourist« einen ausgesprochenen Bestseller unter den motorisierten Zweirädern gelandet. Aufgrund dieses Erfolgs sah sich die Firma ermutigt, auch einen Kabinenroller zu bauen. Der Heinkel »Kabine« ähnelte der »Isetta« vom Konkurrenten BMW, war jedoch eine vollkommen eigene, mehr aerodynamische Konstruktion: In der Form ähnlich einem Wassertropfen, vorn wie eine »Isetta« und hinten wie ein Messerschmitt-Kabinenroller. Der Heinkel-Kabinenroller kostete 1956 2750 DM; gegen Aufpreis gab es eine Heizung (35 DM), eine Mittelstoßstange für die Tür (15 DM; Heckstoßstange und -ecken waren serienmäßig) und ein Gepäcknetz neben dem Vordersitz (8 DM), denn als Stauraum war nur ein Netz an der Tür und ein offenes Handschuhfach vorgesehen. Ein Gepäckträger ließ sich allerdings auf dem Dach montieren. Anders als die »Isetta« bot der

Heinkel-Kabinenroller für zwei Erwachsene und zwei Kinder Platz. Der Einstieg gestaltete sich allerdings schwieriger als bei der Isetta, weil beim Fronteinstieg die Lenksäule feststand. Bei der Isetta war das Lenkrad in die Tür eingebaut. Dieses BMW-Patent durfte Heinkel nicht verwenden. Dafür konnten aber die Vordersitze umgeklappt werden, damit die Kinder besser in den hinteren Teil des Fahrzeugs klettern konnten. Scheibenwischer gab es für die Frontscheibe nicht. Der Heinkel-Kabinenroller hatte serienmäßig zwei seitliche Ausstellfenster und ein Faltdach, das bei Unfällen und verklemmter Fronttür als Notausstieg dienen sollte.

Der bereits beim Motorroller »Tourist« bewährte 1-Zylinder-Viertaktmotor fand auch beim Ka-

Links: Auf Asphalt durch das wilde Kurdistan. – Rechts: Esel gehörten damals zum Straßenbild; das Ungewöhnliche waren die Kabinenroller. – Unten: Volks-Autos unter sich. Begegnung an einer Grenze im Nahen Osten.

Linke Seite: Abseits der Route, vor allem in der Wüste und auf der Piste, Geröll und auf Sand weit und breit kein Baum und kein Strauch, gestaltete sich die Fahrt doch als sehr beschwerlich.

binenroller Verwendung. Das modifizierte Getriebe hatte eine andere Übersetzung, und außerdem gab es einen Rückwärtsgang. Geschaltet wurde mit einer sogenannten Kulissenschaltung links neben dem Fahrersitz. Die Motorengeräusche waren aufgrund der hohen Drehzahl durch einen »gepolsterten Motorkasten« (mit Kunststoff bezogene Pappe) etwas gedämmt. Der Verbrauch lag bei 3,5 Litern Normalbenzin auf 100 Kilometer. Unterschiedliche Modelle brachten eine Leistung zwischen 9 und 10 PS mit einer Geschwindigkeit von 86 Stundenkilometern. Mit dem 17 Liter fassenden Tank konnte man etwa 450 Kilometer weit fahren. Die Dynastart-Lichtmaschine hatte 12 Volt, serienmäßig waren Licht- und Blinkerschalter, Parkleuchten und eine Tachometerinnenbeleuchtung. Die ausgetüftelte Hinterrad- und Vorderradfederung gab dem Kabinenroller eine stabile Straßenlage und gute Fahreigenschaften.

Einem Dreirad-Automobil traute man nicht viel zu, deshalb entschloss man sich bei Heinkel, ein viertes Rad (Zwillingsrad) in die Hinterachse einzusetzen. Da die Heinkel-Werke in Karlsruhe und Stuttgart mit der Rollerproduktion ausgelastet waren, erwarb man 1954 ein Gelände direkt am Flug-

hafen Speyer. Hier wurden drei Typen des Kabinenrollers gebaut: der 150 und 153 mit drei Rädern und 175 beziehungsweise 198 ccm Hubraum sowie der 154 mit vier Rädern und mit 204 ccm und 198 ccm Hubraum. 1958, kurz nach dem Tod von Ernst Heinkel, wurde die Produktion in Speyer eingestellt und in Irland von der Dundalk Engineering Company für ein Jahr übernommen. Dann wurde der Heinkel-Kabinenroller bis 1966 in Südengland von der Firma Trojan hergestellt. Bis 1961 gab es sogar in Argentinien Produktionsstätten. In Deutschland stellte man insgesamt 11 000, in England 600 und in Argentinien 1400 Kabinenroller her. Heute (2007) sollen noch 70 Heinkel-Kabinenroller auf Deutschlands Straßen unterwegs sein.

Eine nicht nur für die damalige Zeit ungewöhnliche Autoreise unternahmen im Frühjahr 1957 vier junge Stuttgarter. Mit zwei dreirädrigen Heinkel-Kabinenrollern fuhren sie in den Nahen Osten: Ihr Ziel war Jerusalem. Den Staat Israel gab es erst seit 1948, die für Araber wie Juden heilige Stadt Jerusalem war geteilt und ein Jahr zuvor hatte es während der Suez-Krise den israelischen Sinai-Feldzug gegeben. Die politische Lage war also alles andere als stabil.

Um ihre sechswöchige 12 000 Kilometer weite Reise überhaupt antreten zu können, benötigten die jungen Deutschen eine Menge Papiere und Geduld: Neben dem obligatorischen Reisepass sowie dem Carnet, der Zollbescheinigung für den Kfz-Transit (für Österreich, Griechenland und die Türkei) galt es, eine Durchreisegenehmigung für Jugoslawien, die nur für 48 Stunden gültig war, und für Syrien, die immerhin drei Tage gültig war, zu besorgen. Das Visum für Bulgarien musste in Ost-Berlin beantragt werden und kostete 20 DM. Das Visum für Jordanien (damals noch Transjordanien) konnten sie erst im syrischen Damaskus beantragen.

Eingepackt hatten sie Konserven, Ersatzteile, Werkzeuge und eine Campingausrüstung. Das Gesamtgewicht der Fahrzeuge (inkl. Fahrer und Beifahrer) betrug 570 Kilogramm. Die erste Bewährungsprobe hatten die Heinkel-Kabinenroller am österreichischen Plötschenpass. Da die noch nicht ausgebaute Schotterstraße eine 25-prozentige Steigung hatte, waren die Herren ganz Kavalier: Sie ließen die Damen aussteigen und zu Fuß den Berg bewältigen ...

Die Fahrt durch Jugoslawien, Bulgarien und bis nach Istanbul hatten sie problemlos hinter sich gebracht. Nur an der türkischen Grenze gab es Schwierigkeiten: Hier wurden ihnen alle Ersatzteile beschlagnahmt. (Auf der Rückfahrt konnten sie diese dann wieder mitnehmen.) Es blieb nicht

Links: Der Rückweg führte weiter über Damaskus. In Syrien verfuhren sich unsere Reisenden. Die Neugier der vier Weltenbummler ließ sie schließlich in ein Dorf fahren, das mit seiner eigenartigen Bauweise große Anziehungskraft besaß. Die Häuser waren aus Lehm und hatten eine kegelartige Form. – Rechts: Weiter ging es bis in die Türkei. Hier wurde am Meer noch ein Ruhetag eingelegt und die Kabinenroller vor der Rückfahrt nach Deutschland nochmals überprüft. – Links unten: Von Jerusalem aus führte der Heimweg direkt zum Toten Meer, wo man sich beim Baden entspannen und neue Kraft tanken konnte für die kommenden Strapazen.

aus, dass sie sich auf dem Weg nach Ankara verfuhren, da die Strecke immer abenteuerlicher wurde: Eine Brücke zum Beispiel bestand nur aus zwei Balken mit 15 Zentimeter hohen Querlatten. Und ein Fluss musste durchfahren werden. Aufgrund seiner Konstruktion ließ das dreirädrige Gefährt kein Schlagloch aus. Nicht umsonst wurde der Heinkel-Kabinenroller, ebenso die »Isetta« und der Messerschmitt-Kabinenroller, im Volksmund spöttisch gern »Schlaglochsuchgerät« genannt. Über Ankara ging es dann in die syrische Hauptstadt Damaskus. Da hier auf das Visum für Jordanien gewartet werden musste, gönnte man sich einige Tage Ruhe und besuchte die touristischen Sehenswürdigkeiten. Auf einer gut ausgebauten jordanischen Straße ging es weiter bis zu einem Fort, in dem die Heinkel-Touristen im Büro des Kommandanten übernachten durften. Bis Jerusalem waren noch viele Militärposten zu passieren, die die Reisenden zum Teil strengen Kontrollen unterzogen. Doch ab und zu wurden die beiden rollenden Kabinen auch durchgewinkt, da es sich inzwischen herumgesprochen hatte, dass da geradezu »außerirdische« Fahrzeuge mit vier verrückten Deutschen unterwegs seien … Nach einem längeren Aufenthalt in Jerusalem ging es weiter ans Tote Meer und von dort aus wieder zurück nach Damaskus und Istanbul, wo man beim Hauptpostamt nach hinterlegter Post fragte und ein Telegramm nach Deutschland aufgab. Eine direkte Telefonverbindung gab es noch nicht. Über Bulgarien, Jugoslawien und Österreich ging es dann wieder zurück nach Stuttgart. Nach der Reise waren lediglich eine kaputte Hupe und ein Loch im Tank zu beklagen. Summa summarum hatte die Heinkel-Kabinen-Abenteuer-Reise 900 DM gekostet.

Wo man unterkam

IM ZELT, IN DER PENSION ODER IM HOTEL

Bei Touristikunternehmen gebuchten Bahnreisen wurde die Unterbringung nach Gruppen unterschieden: Gruppe A bedeutete, dass der Gast in einem »guten, sauberen Zimmer« in Privathäusern wohnte. »Bessere« Privatzimmer gehörten zur Gruppe B, »beste« zur Gruppe C, und die wurden von Fremdenheimen und Gasthäusern angeboten. Hotelzimmer bildeten die Gruppe D. Im Preis waren neben der Fahr- und Platzkarte 7 oder 12 Übernachtungen mit Frühstück enthalten, für Mittag- und Abendessen war extra zu bezahlen, wenn man nicht mit »voller Verpflegung« gebucht hatte.

In der DDR gab es die FDGB-Ferienheime. In ihren Anfängen standen aber zunächst nur 180 Betten zur Verfügung. Auch die Bereitschaft, in den Urlaub zu fahren, war unter der werktätigen Bevölkerung noch gering ausgeprägt. 1947 waren es 17 500 Personen. Man machte Ferien zu Hause und wer einen Garten hatte, verlebte seine Ferientage im eigenen Garten oder Schrebergarten, im Gartenhäuschen – später »Datsche« genannt. Gewerkschaftseigene Ferienhäuser gab es nur wenige; untergekommen war man vor allem in Vertragshäusern, in der Regel Gasthäusern, die vom FDGB angemietet wurden. Damit konnte Ende 1947 die Bettenzahl auf 500 erhöht werden. Viele waren auch privat einquartiert, sie gingen dann zum Essen in die Vertragshäuser. Erst nach dem Bau neuer Ferienheime und der Enteignung von privaten Villen, Gutshäusern, Schlössern und Pensionen »aktiver Nationalsozialisten, Kriegsverbrecher, Junker und Monopolisten«, die zu Ferienheimen umgewandelt wurden, erweiterte sich das Angebot und das Interesse nahm sprunghaft zu. Diese Erfolgsgeschichte wollte die Staats- und Parteiführung auch propagandistisch nutzen. Sie pries die Sozialarbeit und vermerkte sogar stolz die Statistik der Ferienheime der letzten Jahre auf einem Wahlplakat der Nationalen Front 1954. Diese bildete unter der Führung der SED mit vier weiteren Parteien, den sogenannten Blockparteien, und den Massenorganisationen bei den Nationalratswahlen eine Einheitsliste. Zur Nationalen Front gehörten neben der SED die Christlich-Demokratische Union (CDU), die Liberal-Demokratische Partei Deutschlands (LDPD), die Nationaldemokratische Partei Deutschlands (NDPD) und die Demokratische Bauernpartei Deutschlands (DBD), der Freie Deutsche Gewerkschaftsbund (FDGB), die Freie Deutsche Jugend (FDJ), der Demokratische Frauenbund Deutschlands und der Kulturbund.

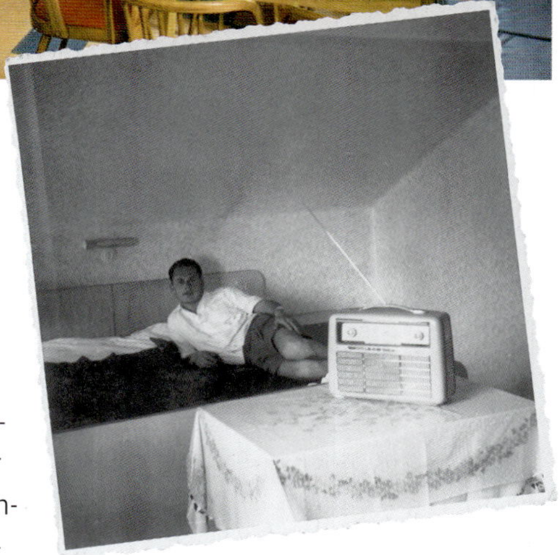

Oben: Gastlichkeit wird groß geschrieben. Dieser Frühstücksraum hat den ganzen Charme der 50er-Jahre. – Unten: Das nagelneue Kofferradio, das Objekt der Begierde der Jugend, vom ersten verdienten Lohn gekauft, wurde sogleich auf einen Wochenendausflug nach Tirol mitgenommen.

Am Schwarzen Brett der Betriebe war das Angebot ausgehängt und in fünf Kategorien eingeteilt: Kategorie I war das Topangebot, eine sehr gute Unterkunft in herrlicher Landschaft, Kategorie V bedeutete, dass die Urlauber außerhalb des Ferienheims beziehungsweise der Vertragshäuser untergebracht waren und dreimal am Tag einen bis zu zwei Kilometer langen Weg zur »Verpflegungsstätte« zurücklegen mussten. In den ersten Jahren spiegelte sich die allgemein schlechte Versorgungslage in der DDR auch in den Ferienunterkünften wider. In den Vertragshäusern gab es nur dürftig ausgestattete Zimmer ohne fließendes Wasser und häufig waren sie unbeheizt. Mitgebracht werden mussten Bestecke, Bettwäsche und Handtücher.

Nicht jeder konnte in die Ferien fahren, schon gar nicht ins Ausland. Für Kinder und Mütter boten deshalb die beiden großen christlichen Kirchen, aber auch freie Träger, Unterkunft in sogenannten Ferienheimen an. In der Regel dauerte der Aufenthalt zwischen vier und sechs Wochen. Auf einer Wiese wurden große Zeltlager für Jugendfreizeiten aufgeschlagen. Das war nicht nur kostengünstig, sondern lag vor allem auch im Trend der Zeit: Der Campingurlaub boomte, ob im Ein- oder Zweimannzelt oder in der etwas luxuriöseren Variante der Wohnanhänger und -wagen.

Oben: Campingplatz-Idylle: Nach dem Frühstück wurde »klar Schiff« gemacht und da es ein heißer, sonniger Tag war, musste nun der Sonnenschutz gegenseitig aufgetragen werden.

Postkarte vom Wintersporthotel Hausberg: Skisport in tief verschneiter Landschaft. Der Lift ist nur wenige Meter vom Hotel entfernt. Seit Anfang der 30er-Jahre verbringen hier auf einer sonnigen Anhöhe am Rand von Garmisch-Partenkirchen Feriengäste nicht nur im Winter erholsame Urlaubstage.

Postkarte von der einstigen Albergo Stammer bei Klausen: Der Ort am Eisack bildet den Mittelpunkt des unteren Eisacktales. Die Hänge auf beiden Talseiten und die umliegenden Mittelgebirgsstreifen sind ein reizvolles Wandergebiet. Die Landschaft bietet auf engstem Raum viele Gegensätze: im Tal die kleine mittelalterliche Stadt, darüber Wald und Kastanienhaine, sonnige Weinhänge und Almenwiesen, dazwischen Burgen und vereinzelte, einsame Bergbauernhöfe.

Postkarte von der Graflhöhe: Die Berggaststätte liegt in 1000 Meter Höhe am Obersalzberg und bietet einen herrlichen Blick auf die Berchtesgadener Bergwelt mit Hochkalter und Reiteralpe. Schon Ende der 50er-Jahre gab es hier eine weithin bekannte süße Spezialität: Windbeutel. Der Alpengasthof nannte sich bald auch »Windbeutelbaron«. Knapp eine Stunde von der Graflhöhe entfernt befindet sich heute die Dokumentationsstelle Obersalzberg.

Postkarte aus Wirsberg, einem oberfränkischen Luftkurort, dessen Mittelgebirgslandschaft als »wildromantisch« galt. Vor allem Familien schätzten den idyllischen Marktflecken als Erholungsort. Seit Beginn der 50er-Jahre nahm der Fremdenverkehr sprunghaft zu, da vor allem Berliner Reiseveranstalter den Ort in ihr Programm aufgenommen hatten. Mitte der 50er-Jahre musste die Gemeinde reagieren, wenn weiterhin alle Pensionsbetten ausgebucht sein sollten: Sie baute ein neues Schwimmbad.

Ferien im Heim

KINDERLANDVERSCHICKUNG UND MUTTER-KIND-FERIEN

Nicht jeder konnte in die Ferien fahren oder gar Urlaub im Ausland machen. Für Kinder und Mütter boten deshalb die beiden großen christlichen Kirchen, aber auch freie Träger Unterkunft in sogenannten Ferienheimen oder -lagern an. Gemeinhin bekannt auch unter Mutter-Kind-Kur (oder -Verschickung). In der Regel dauerte der Aufenthalt für etwa 40 Kinder mit ihren Müttern jeweils zwischen vier und sechs Wochen. Eines dieser Heime war und ist heute noch das Christliche Erholungsheim Westerwald Rehe. Es liegt romantisch abgeschieden umgeben von Wäldern, Wiesen und Feldern. Das Heim wurde nicht nur ein Ort der Erholung, sondern auch der stillen Einkehr und des Gebetes. Anfang der 50er-Jahre war es sogar das erklärte Ziel, dass sich das Heim selbst versorgen sollte: So wurden Kühe, Schweine und Hühner angeschafft und 30 Morgen Land bewirtschaftet. Im Laufe der Jahre entstanden auch immer mehr Gebäude: das Kinder-, Jugend-, Mütter- und Gästeheim.

Gruppenfreizeiten waren streng nach Mädchen und Jungen getrennt. Bei einer »Jungmannenfreizeit« wurden die Teilnehmer in einer Baracke untergebracht, in der es zwei Schlafräume mit 22 Stockbetten gab. Stockbetten gab es auch für die Betreuer, die zu zweit in einem Zimmer schliefen. Im Tagesraum nahmen alle Teilnehmer der Freizeit die Mahlzeiten ein, die jedoch erst aus dem Haupthaus geholt werden mussten.

Die Teilnehmerinnen einer Mädchenfreizeit waren seit 1954 schon in einem festen Haus untergebracht. Sie hatten in ihren Schlafräumen keine Stockbetten. Ihre Metallbetten standen, jeweils durch ein Nachtschränkchen getrennt, dicht an dicht in einem schmalen Raum.

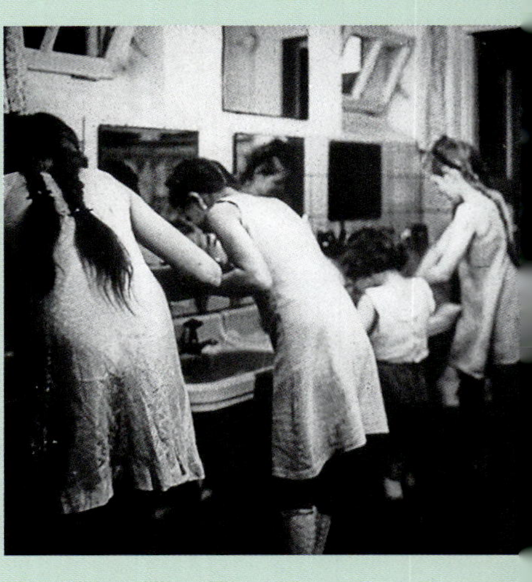

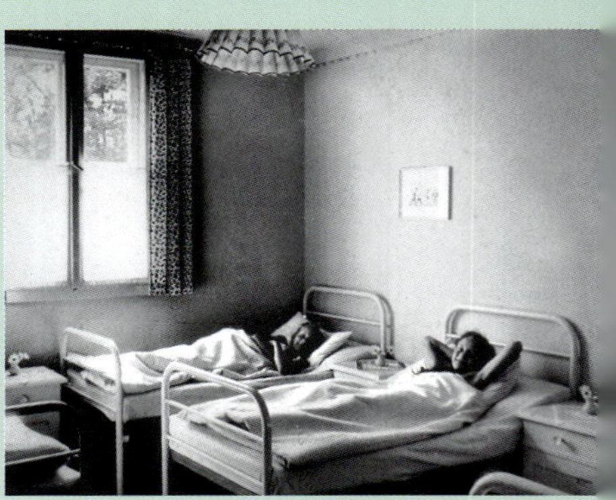

Vier zehntägige Freizeiten fanden jeden Sommer statt. Viele Veranstaltungen, insbesondere Spiele, aber auch Andachten, fanden draußen im Freien statt, soweit es das Wetter zuließ. Die Wanderungen führten durch die nahegelegenen Wälder bis zur Krombach-Talsperre. Neben Sport und Spiel standen selbstverständlich auch Bibelstunden, Chorgesang und Gebet auf dem Programm.

Neben der Unterbringung von Kindern, Jugendlichen und Familien in den Ferienzeiten steht das Heim in Rehe auch den Senioren offen. Darüber hinaus werden Seminare angeboten. Auf einer Wiese werden große Zeltlager für Jugendfreizeiten aufgeschlagen.

Bilder aus dem Christlichen Erholungsheim Westerwald Rehe.

Linke Seite oben: Wenn es das Wetter erlaubte, hielt man die Bibelstunde unter freiem Himmel ab. – Mitte links: Bei der Morgengymnastik durfte niemand fehlen.
Mitte rechts und unten: Ein verbotener Blick in den Mädchen-Wasch- und -Schlafraum. Nach dem Motto »Platz ist in der kleinsten Hütte« scheint man sich wohl zu fühlen. Um ihre Umgebung ein wenig zu dekorieren und sich wohnlich einzurichten, haben die Mädchen ein paar Blümchen gepflückt und in die Vasen gestellt.

Rechte Seite oben: Das ausgebaute Erholungsheim Ende der 50er-Jahre. – Unten: Senioren-Tage im Westerwald.

Urlaub auf dem Campingplatz

DIE SCHÖNSTEN TAGE UNTER FREIEM HIMMEL

Links oben: Das »Umhervagabundieren« stellt eine der beliebtesten Urlaubsvarianten dar, denn mit dem Wohnwagen ist man überall zu Hause. – Wer es sich leisten konnte, war sogar mit einem »V8-Barockengel« von BMW und Wohnanhänger unterwegs, Schlafzone, Toilette und Waschkabine, Küche mit Kühlschrank und Sitzwohnecke inclusive. Unten: Und mancher, der viel unterwegs war, zeigte dies auch mit einer prächtigen Wimpelgalerie. MIKAFA-Mobil, Luftmatratze und Campingstühle reichten für die Rast zwischendurch.

Links oben: Die modernen Freizeitnomaden sind eine verschworene Gemeinschaft. Hier wird ein Berliner Mit-Camper herzlich verabschiedet (oben). Man sieht sich wieder – im nächsten Jahr, denn auch Wohnwagen-Camper sind in der Regel ihrem Stammplatz über Jahre hinweg treu. Hier kennt man sich aus, hier weiß man, was einen erwartet.
Links unten: Ein großer, eleganter Tourenwagen mit verschwenderischer Platzfülle für die zwei Insassen. Dafür war der Wohnanhänger dann etwas bescheidener. Wer mit diesem Mercedes-Benz 300 S Station machte, war sich der Aufmerksamkeit aller übrigen Campingfreunde sicher.

Versandhäuser erkannten sehr schnell die Freizeittrends und boten eine große Auswahl an Campingartikeln an. Dazu gehören ebenso günstige Herren-Blousons für nicht einmal 10 DM, eine preiswerte Kleinbildkamera, der Rucksack und diverse Dinge, die eine Zeltausrüstung komplettieren: Auch ein Jugend-Hauszelt für zwei Personen und das Hauszelt, in dem drei beziehungsweise je nach Größe auch vier bis fünf Personen Platz fanden, sowie ein Familien-Rundzelt fehlten nicht im Sortiment. Dazu gehörten kamen selbstverständlich noch Klappstühle und -tische, das vielteilige Campinggeschirr mit Töpfen, Pfannen, Bechern, Tassen, Tellern, ein Gaskocher, Wassersack und für den Fall der Fälle ein Klappspaten mit Axt und ein ordentliches Taschenmesser.

Urlaubsfreuden im eigenen Zelt
① 69.-
Beschreibung aller hier abgebildeten Artikel finden Sie auf der gegenüberliegenden Seite.
② Hauszelt 3-4 Pers. DM 128.-
Hauszelt 4-5 Pers. DM 198.-
④ 31.50
In grün und blau lieferbar
⑤ 26.50
⑥ 35.80
③ 265.-
⑦ 27.90
Der Schlager der Saison:
Gesundheitsliege zusammenklappbar für Camping, Garten und Balkon
⑩ 5.25
⑨ 9.90
⑫ 39.80
⑪ 19.50
⑬ 2.45
⑧ 16.90
⑭ 27.50
⑯ 16.90
MATADOR FUSSBALL
⑰ 21.50
⑮ 13.50
aufblasbar

Was man so brauchte

VON KOFFERN, RUCKSÄCKEN UND CAMPINGGESCHIRR

Die heute auf jedem Bahnhof und Flughafen allenthalben zu sehenden Trolleys – kleine und größere Koffer oder Taschen auf Rädern, die man so bequem hinter sich herziehen kann – gab es in den 50er-Jahren noch nicht. Gereist wurde mit relativ wenig Gepäck. Höchstens zwei mittelgroße Koffer, die mit einem Riemen zusätzlich gesichert waren, nahm man auf die Urlaubsreise mit. Dazu kam ein so genannter Matchbeutel oder ein Rucksack, der später für zwei Jahrzehnte aus der Mode kam, sich dann aber in den verschiedensten Varianten wieder einer großen Beliebtheit erfreute.

Wer dennoch viel Gepäck dabei hatte und es sich leisten konnte, bestellte sich auf den Bahnsteig einen Gepäckträger. Wer vornehm abstieg, der wurde von einem Hotelpagen mit Gepäckwagen abgeholt.

Einen Teil des Hausrats mit in den Urlaub nehmen, das konnte nur derjenige, der mit einem Wohnwagen unterwegs war. Hier gab es einen Küchenblock mit Spüle und Gaskocher. Doch die meisten Campingfreunde waren noch mit dem Zelt unterwegs. Und da musste, ob mit dem Fahrrad, Motorrad oder Pkw auf Tour, alles sehr praktisch und platzsparend sein: das Kochgeschirr sowie auch Messer, Gabel und Löffel waren aus Aluminium. Wer gut ausgestattet war, hatte eine Pfanne und zwei Töpfe dabei. Das Gedeck war aus Kunststoff (tiefe Teller, Tassen und Untertassen). Ein zusammenklappbarer Spirituskocher mit Kartusche oder Spiritusbehälter für zwei Stunden Brenndauer gehörte zur Ausrüstung. Isolierflaschen mit auf- oder abschraubbarem Becher für kalte und vor allem heiße Getränke durften nicht fehlen. Bevor die Isomatten erfunden worden waren, musste die Luftmatratze für das Nachtlager aufgeblasen werden, dann erst konnte man in den Schlafsack schlüpfen. Und wer noch ein aufblasbares Sitzkissen hatte, konnte dies auch als Kopfkissen benutzen. Für den Motorroller und das Fahrrad ungeeignet waren Klapphocker und Klapptisch. Die ließen sich jedoch im Auto neben dem übrigen Gepäck immer noch bequem verstauen.

Die idealisierte Kleinfamilie aus dem Quelle-Katalog Ende der 50er-Jahre. Die Tourenräder mit »Markenbereifung und Torpedo-Freilauf« die sich »hunderttausendfach« bewährt haben, waren ab 95 DM zu haben – Ratenzahlung war möglich.

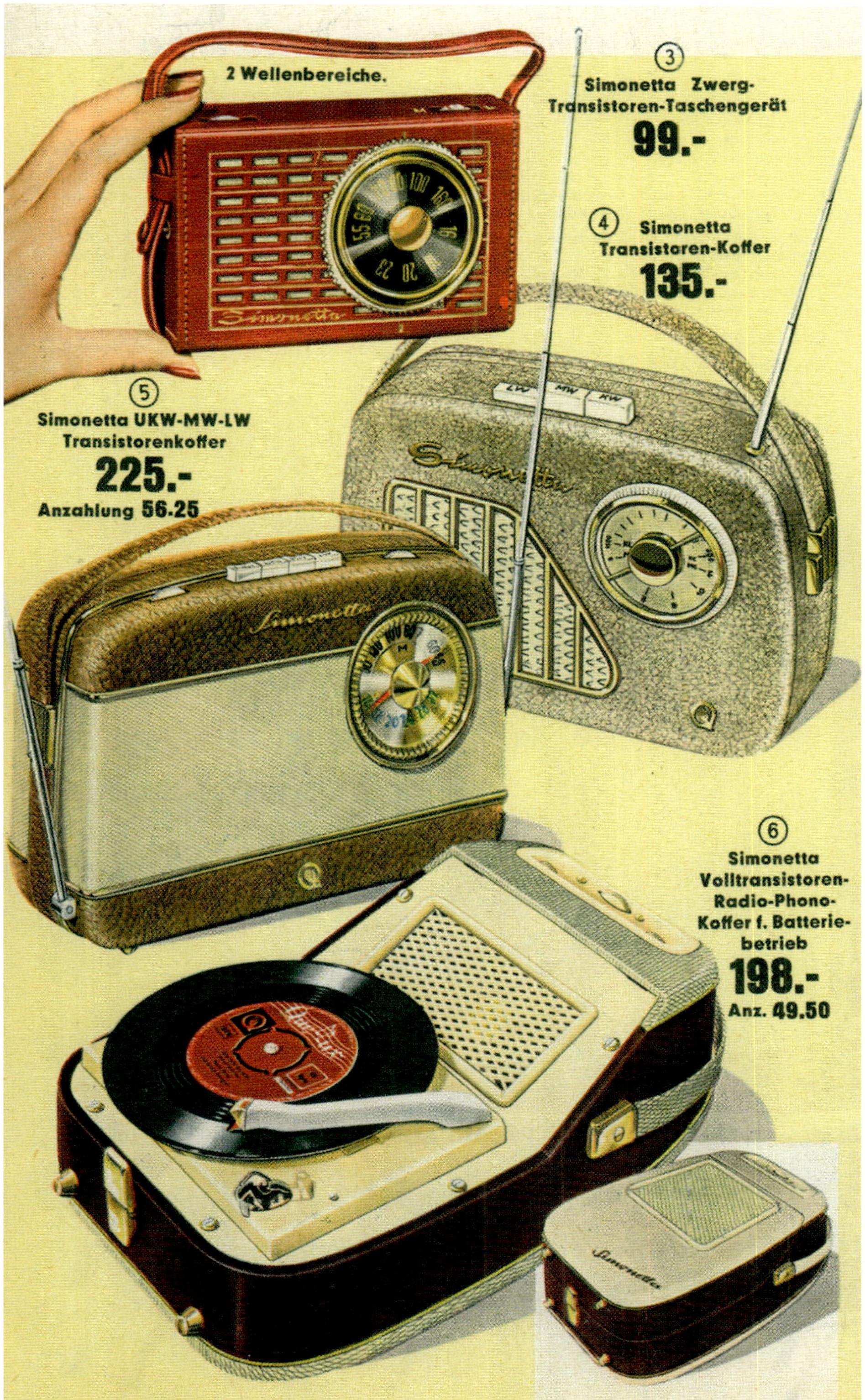

Sonnenbrille und Reisewecker durften in keinem Reisegepäck fehlen. Und um am Strand richtig zu feiern, gab es Transistor-Kofferradios in den verschiedensten Ausstattungen. Sie waren nicht gerade preiswert, auch wenn sie hier ein Versandhaus schon zu einem Niedrigpreis im Angebot hatte. Um aber auch die eigene Lieblingsmusik auf der Liegewiese hören zu können, nahm man den transportablen Plattenspieler für Singles mit, deren Welt der Rock'n'Roll gerade die deutsche Jugend zu erobern begann. Wer in einer Jugendclique ein Kofferradio oder einem Kofferplattenspieler hatte, der war damals noch der »King«, eine Erfahrung, die im Zeitalter von Walkman und i-pod unendlich weit entfernt zu sein scheint.

Schicke Badesachen die

❶ Sonnenbrille, blondes, transparentes Gestell, gewölbte Gläser.

für Herren	Bestell-Nr. 27700	DM	**-.95**
für Damen	Bestell-Nr. 27701	DM	**1.35**

❷ Eleganter Herren-Velour-Bade- und Hausmantel aus dichtgewebtem, seidenweichem **Frottier-Velour,** reine Baumwolle, INDANTHREN. Ein großzügiges und solide verarbeitetes Modell mit Schalkragen, Ärmelaufschlägen, Seitentaschen und Bindegürtel.

Größen	48	50	52	54
Längen ca.	135	135	140	140 cm
marineblau mit grau-roten Streifen	58200	58201	58202	58203
bordorot mit grau-blauen Streifen	58724	58725	58726	58727
Stück DM	**59.-**		**62.-**	

❺ Kinder-Frottier-Haus- und Bademantel für Knabe und Mädchen. Strapazierfähige, reine Baumwol Qualität in hübscher Form und solider Verarbeitung Schalkragen, Bindegürtel, zwei aufgesetzte Tascher in vorherrschend türkis-orangefarbiger Streifenmuste rung und weißen Tupfen. INDANTHREN.

Alter bis	10 Jahre	10–12 Jahre	12–15 Jahre
Länge ca.	90 cm	100 cm	115 cm
Bestell-Nr.	79909	79910	79911
Stück DM	**23.90**	**25.70**	**28.50**

❻ Damen-Frottier-Bade- und Hausmantel, ein apa ter, eleganter Hänger, moderne, weite Form in K mono-Schnitt. Dreiviertellange, weite Ärmel mit Au schlägen und zwei feschen, schräg eingeschnittene Taschen. Reine Baumwolle. Ausdrucksvolles, durch gewebtes Jacquardmuster auf andersfarbigem Grunc gewebe. INDANTHREN!

FREUDE machen

8 Eleganter Damen-Frottier-Bade- und Hausmantel mit angeschnittenem Glockenrock. Sehr gutes Frottiergewebe, reine Baumwolle, mit geschmackvoller Musterung und aparten Farben. Zwei aufgesetzte Taschen; Ärmelaufschläge und Kragen sind paspeliert. INDANTHREN!

Größen	42	44	46	48
Längen ca.	135	140	140	145 cm
türkis mit erika	78310	78311	78312	78313
rauchblau mit zitrone	78314	78315	78316	78317
schwarz mit grün	78318	78319	78320	78321
Stück DM	52.-		54.-	

9 Moderne Vielzweckdecke, besonders geeignet für Reise, Strand und Camping. Eine erstklassige, samtweiche Qualität in effektvoller, vorherrschend schwarz-rot-grüner Karomusterung.

140×190 cm	Bestell-Nr. 42605	Stück DM **19.75**

Alles hat seinen Preis

VOM VERDIENTEN LOHN UND VOM URLAUBSGELD

»Ohne Moos nix los«, weiß der Volksmund. »Jeder Arbeitnehmer hat Anspruch auf Urlaub« und während dieser Zeit wird sein Lohn oder sein Gehalt weiterbezahlt. Hinzu kommt heute noch das sogenannte Urlaubsgeld. Das gab es in den 50er-Jahren noch nicht, wurde aber von den Gewerkschaften gefordert.

Inwieweit der im Bundesurlaubsgesetz nach § 11 Abs.1 geregelte Anspruch auf Lohnfortzahlung während der Urlaubstage sowie das später tariflich vereinbarte Urlaubsgeld die Tourismusbranche im wahrsten Sinne des Wortes mitbeflügelt hat, ist bisher noch nicht untersucht worden. Es dürfte aber ein erheblicher wirtschaftlicher Faktor gewesen sein – eine Art Konjunkturspritze, die bis heute wirkt.

1956 hatte der Deutsche Gewerkschaftsbund für sein Aktions-Programm »Urlaubsgeld erschließt die Welt« Plakate kleben lassen. Doch noch lange nicht hatten Arbeitnehmer »diese Zuwendung unabhängig von der Arbeitsleistung«, wie es die Arbeitgeberseite formulierte, in ihrer Lohntüte oder der Gehaltsabrechnung. Auch wenn einige wenige Betriebe schon Urlaubsgeld »als freiwillige soziale Leistung« zahlten, war das für Arbeitgeber- wie Arbeitnehmervertreter eine hart umstrittene Grundsatzfrage. Ludwig Erhard sprach sogar von »sozialem Humbug«. Die Gewerkschafter wandten sich vehement gegen derartige »Diffamierung der Arbeitsmoral der deutschen Arbeitnehmer«.

Verhandelt wurde über eine tarifliche Leistung, zum Beispiel in der Metallindustrie von 10 DM pro Urlaubstag; zwölf Urlaubstage waren noch die Regel. Erst im Juni 1964 im Reinhardshausener Abkommen einigten sich die IG Metall und der Arbeitgeberverband Gesamtmetall über einen tariflichen Anspruch auf Urlaubsgeld. Das gewerkschaftlich hart umkämpfte Urlaubsgeld war zum Ende des Jahrzehnts allmählich Realität geworden, wenn auch noch nicht überall und in jedem Betrieb. Mit steigendem Einkommen konnten bald über vier Millionen Deutsche von heimischen Reiseveranstaltern wie TOUROPA, Hummel, Dr. Tigges oder Scharnow-Reisen und anderen ins Land der Zitronen reisen und für die Daheimgebliebenen Souvenirs kaufen.

Die beliebtesten Ferienziele lagen noch in Deutschland oder in Europa, Überseereisen waren selten. Zu den europäischen Spitzenreitern gehörten neben Österreich vor allem Italien und Spanien. Vor jeder Reise musste man sich die jeweilige Währung besorgen: In Österreich zahlte man mit Schilling, in Italien mit Lire und in Spanien mit Peso. Günstiger war der Wechselkurs am Urlaubsort. Bei der heimischen Bank wechselte man nur die Summe ein, die für die ersten Tage benötigt wurde. In grenznahen österreichischen Urlaubsorten konnte man auch mit der harten D-Mark zahlen. Doch das waren Ausnahmen. Bis zur Einführung des Euro 2001 hatte mancher Europareisende mehrere Währungen im Geldbeutel und dann später zu Hause im Sparschwein – für die nächste Reise in die Ferne ...

Urlaubsgeld
ERSCHLIESST DIE WELT
Aktions-Programm
DEUTSCHER GEWERKSCHAFTSBUND
DGB
A. ASKENASY

Modische Sommerferien

IMMER UP TO DATE AM STRAND ODER IN DEN BERGEN

Aus einer Beilage des Quelle-Katalogs Mitte der 50er-Jahre winkt diese Rad fahrende Frau der potenziellen Kundin zu. Sie trägt das Baumwollkleid »Müritz« mit tintenblauem Waffelpiqué und rotweißem Druckmuster. Diese »fesche, dreiteilige Kombination« besteht aus einem Rock, Jäckchen und »Luftanzug«, der ist wie der weite, glockige Sechs-Bahnen-Rock vorn durchgeknöpft, mit breiten Achselträgern und im Rücken auf Gummizug gearbeitet. Und ganz besonders betont wird der große »modische weiße Piquékragen am Jäckchen«, der dieser Mode, die nur 22,50 DM kostete, eine »frische beschwingte Note« verleiht.

Mode ist immer Inszenierung, sie illustriert die Verbindlichkeit von herrschenden Konventionen. Und sie kommt nicht ohne Vorbilder aus. Nach dem Ende des Zweiten Weltkriegs standen eher rundliche Formen hoch im Kurs – bei Männern wie bei Frauen. Das war ein Reflex auf die entbehrungsreiche Zeit. Ein eher vollschlanker Typ repräsentierte nicht nur Gesundheit, sondern auch einen gewissen Wohlstand. Die italienischen Schauspielerinnen Sophia Loren und Gina Lollobrigida standen für dieses Schönheitsideal. Die Ikone des amerikanischen Films, Marilyn Monroe, hatte übrigens die Konfektionsgröße 42 – ein für diese Zeit durchschnittliches Maß.

Die Damenwelt der beginnenden Wohlstandsgesellschaft verlangte – wenn sie es sich leisten konnte – bald nach mehr, und zwar nach Opulenz und Raffinement. Das kam auch in der Tages- und Freizeitmode zum Ausdruck. Es war auch der Wunsch nach Eleganz und Vornehmheit.

Modeträume waren aus Samt und Seide, aber auch aus Nylon und Perlon. Ein Petticoat, ein bauschig-weiter Halbrock mit Rüschenstufen wurde unter schwingenden Röcken getragen und betonte so die Taille. Die prächtigen Kleider der Haute Couture wurden zum Ideal eines neuen Lebensgefühls. Das, was man in Modezeitschriften oder im Versandhauskatalog sah, wollte man auch tragen. Im Gegensatz dazu war die oberkörperbetonte Herrenmode nicht sehr spektakulär.

Linke Seite: Das dreiteilige gestreifte Strandkleid »Borkum« war für 23,90 DM zu haben und das gepunktete Sonnenkleid »Palermo« für nur 17,90 DM.

Links: Das dreiteilige Sommerkleid »Ancona« kostete 19,90 DM und das modische Streifenkleid »Stresa« (unten) nur 14,80 DM, das Kleid »Norderney« 15,70 DM.

Man gab den preisgünstigen Sommerkleidern wohlklingende Namen: »Ancona« oder »Palermo« riefen bei den Kunden die Bilder dieser fernen Ferienorte hervor, weckten Sehnsucht und Hoffnung, dass man eines Tages auch einmal dorthin fahren möge. Wurde ein derartiges Kleid getragen, so konnte zumindest schon einmal das Flair genossen werden. Es musste aber nicht immer gleich in die Ferne gehen: Auch die anderen Sommerkleider aus dem Katalog hatten verlockende Namen. Und es waren nicht nur die südlichen Städtenamen, die so Reisesehnsucht und Reiselust weckten.

Chic im Winterurlaub

VON ANORAKS UND ELASTISCHEN SKI-KEILHOSEN

Das rasante sportliche Skifahren war nur vereinzelt in den Reiseprospekten zu sehen. Damals warb man für den Winterurlaub mit ruhigen Bildern oder Zeichnungen: Da durften die einsamen Spuren im Schnee nicht fehlen, nur wenige Skiwanderer sind in der Nähe eines beschaulichen Bergdorfes unterwegs. Dahinter glitzern stets im schönsten Winter-Sonnenlicht die Skiabfahrten, die fernen Gletscher und mächtigen Alpengipfel. Doch ganz so idyllisch, wie suggeriert werden sollte, war der Winterurlaub in den Bergen auch zu dieser Zeit schon nicht mehr.

Das Skifahren entwickelte sich in den 50er-Jahren zu einem Massensport. Der neue Wintersport war jedoch noch keine »Outdoor«-Aktivität und noch nicht zu einem »Event« auf und neben den Pisten geworden. Sport und Erholung standen im Vordergrund. Après-Ski kam erst später in Mode. Entsprechend war auch die Kleidung. Modische Akzente setzten der unverwüstliche Anorak und die chice Keilhose. Damen wie Herren trugen einen Wende-Anorak entweder aus doppeltem Nino-Flex-Popelin oder Mako-Vollzwirn-Popelin mit angeschnittener Kapuze, die man mit einem Kordeldurchzug fest zubinden konnte. Der Anorak war wasserabstoßend imprägniert und zweiteilig zu tragen, hatte einen durchgehenden Reißverschluss und zwei tiefe, seitliche Reißverschlusstaschen. Der Ärmelbund war mit einem Strickbündchen abgeschlossen. Modische Ärmel- und Schultereffekte peppten die sportliche Note etwas auf. Die Innenseite bei Damen-Anoraks war zum Beispiel aus weißem waschbarem Teddy-Plüsch, zwei Innen-Seitentaschen waren eingearbeitet.

Keilhosen waren entweder aus »schwerer« Wolle oder gezwirnter Schurwolle, ab und zu auch mit wenigen Prozent synthetischer Faser verstärkt. Auf jeden Fall war diese Art Hose mit verstellbarem Rundbund, zwei Seitentaschen und einer Gesäßtasche, die man nicht nur zum Skifahren anzog, imprägniert. Der Gummisteg am Beinabschluss gab der Hose einen »sportlich-strammen« Sitz. Darunter trug man etwa eine schwarz-rot gemusterte Ski-Unterhose und eine Unterjacke in Pulloverform in reiner gekämmter Baumwoll-Feinripp-Qualität. Beide Teile zusammen ergaben gleichzeitig auch einen reizvollen Haus- und Schlafanzug.

Den Kopf zierten warme, aber fesche, sportliche Strickmützen in kräftiger Strickart mit langer Wollquaste mit oder ohne Ohrenschutz. Dazu schwang man sich einen molligen flauschigen Wollschal um den Hals. Die Palette der Handschuhe, ob nun fürs Skilaufen oder den Schneespaziergang unter eisiger Wintersonne, wurde von den Fausthandschuhen angeführt. Sie waren aus imprägniertem Baumwoll-Popelin mit Flanellfutter, wobei die Daumen und Innenseiten mit Leder verstärkt sein konnten. Sie hatten am Handgelenk entweder einen Gummizug oder einen Riemenverschluss. Besonders beliebt waren Wollfausthandschuhe im »norwegischen« Jacquard-Strickmuster, die als sehr strapazierfähig galten. Die Skischuhe wurden noch handgeschnürt und nicht schnell verschlossen. Bei einigen Modellen führte zusätzlich noch ein festgezurrter Riemen quer über den Spann, der zusätzlichen Halt bot. Sie endeten knapp über dem Fußgelenk, waren nicht so schwer und starr, dass man sie nach der Tiefschneeabfahrt oder den ersten Versuchen auf dem Übungshang gleich wieder ausziehen musste. Man konnte mit ihnen durchaus auch eine kleine Wanderung durch den Winterwald machen.

Skibrillen, wie wir sie heute kennen, waren noch nicht verbreitet, die trugen eher alpine Rennläufer. Eine gute Sonnenbrille reichte aus, um sich gegen die intensive Sonneneinstrahlung auf dem Schneefeld zu schützen.

Linke Seite: 1959 wurden die Skischuhe noch geschnürt, die Elastik-Keilhose hatte eine Bügelfalte, die Jacken waren aus reiner Schurwolle und Teddy-Plüsch und das breite Lächeln obligatorisch. Da staunt auch das Eichhörnchen über so viel Eleganz im Winterwald.

Oben links: Der Herren-Wende-Anorak aus doppeltem Nino-Flex-Popelin ist wasserabstoßend imprägniert und zweiteilig zu tragen. Weit und bequem in seinem Schnitt fällt er einer einwandfrei in der erprobten Passform. Die »schwere« Woll-Keilhose sei ebenfalls erprobt, schreibt der Katalog. Sie hat Gabardinequalität, ist imprägniert, hat einen verstellbaren Rundbund, zwei Seitentaschen und eine Gesäßtasche. Der Gummisteg am Beinabschluss gibt der Hose den gewünschten und modischen »sportlich-strammen« Sitz.
Oben rechts: Die Frisur war auch nach der Ski-Abfahrt noch intakt. Die Sportbrille gehörte schon zu den moderneren Accessoires, wobei das Halstuch wohl heute beim Skifahren eher aus der Mode gekommen ist. Auch diese Skier waren im Winter 1957/58 auf der Höhe der Zeit. Die Bretter hatten Stahlkanten und waren länger als heute üblich. Ein Anorak genügte für den Abfahrtsschwung, die heutige Rennkleidung kannten damals noch nicht einmal die Olympiasportler.

Was man machte

BADEN IM SOMMER, SKILAUFEN IM WINTER ODER EINFACH NUR FAULENZEN

Von den vielen Freizeitmöglichkeiten, die unsere heutige Zeit kennt, konnte in den 50er-Jahren noch nicht die Rede sein: Wandern erforderte noch nicht die heute obligatorischen Stöcke. Drachenflieger oder Paragleiter segelten noch nicht von den Bergen herab. Und kein Mountainbike war am Berggipfel zu sehen. In den Reiseprogrammen fehlte der Tauchurlaub am Roten Meer; mit einer einfachen Taucherbrille und Schnorchel blieb man in seichten Gewässern oder in der Nähe des Strandes.

»Pack die Badehose ein ...« sang 1951 die kleine achtjährige Conny Froboess. In erster Line badete man in Teichen und Weihern, in noch sauberen Flüssen und Seen oder im Meer.

Und im Winter: Hieß es am Urlaubsort oder im Wetterbericht »Ski und Rodeln gut«, dann stand und steht wie eh und je den winterlichen Sportaktivitäten nichts mehr im Wege. Das Snowboard war noch nicht erfunden. Und häufig mussten die Skier mit ihren zum Teil abenteuerlichen Bindungen noch bergan getragen werden: Lifte waren noch selten.

Aus dem Urlaub, ob nun von einem faulen Strandurlaub, von einer interessanten Bildungsreise, einer anstrengenden Wander- oder Radtour, schickte man auch damals gern einen Gruß nach Hause. Die Botschaften aus einer schönen bunten Welt liefern die Postkarten mit dem obligatorischen Urlaubsgruß an die Daheimgebliebenen. Sie waren und sind die Bestätigung dessen, was in Prospekten abgebildet war und gleichzeitig auch der dezente Hinweis: »Schaut mal, wo ich jetzt bin ...« Die Mitteilungen beschränken sich häufig nur auf das Nötigste, um die Empfänger ein wenig neidisch zu machen: »Essen, Wetter, Zimmer gut – nix als Sonne ...«.

Fotografiert wurde selbstverständlich auch, doch überwiegend noch in Schwarzweiß. Die beliebten Urlaubs-Dia-Abende kamen erst später in Mode, als es preiswertere Farbfilme gab. Die erste Super-8-Filmkamera kaufte man Anfang der 60er-Jahre. An eine Videokamera, geschweige denn Handy-Fotos oder -Videos, die statt einer Postkarte verschickt werden, war noch lange nicht zu denken.

Oben: Rodel hatten oft noch ein Stoffgeflecht als Sitz. Ratsam war es nicht, mit leichter Bekleidung zum Rodeln zu gehen, mochte die Sonne auch noch so kräftig scheinen.

Rechte Seite: In modischem Anorak mit Kapuze (rechts) war man für Ski und Rodel gut und richtig gekleidet.

TOUROPA
Urlaubsreisen
Winter
1956/57

Oben: Die kleine neckische Rangelei unter der kalten Brause gehört zum sommerlichen Badespaß wie der etwas andere Badeanzug. Ein Scharnow-Prospekt am Ende der 50er-Jahre. – Rechts oben: Die drei jungen Badenixen scheinen sich gut frisiert ins herrliche Nass begeben zu haben. Tatsächlich trug man jedoch Badekappen. – Rechts unten: Einsam zieht die Langläuferin ihre Spur in der Nähe von Todtnauberg. Der Ort gehört zu den »schneesichersten« des Schwarzwaldes. Spezielle Langlaufski kannte man noch nicht; die Skier waren multifunktional. So konnten die Skiwanderer neben den zahlreichen Tourenmöglichkeiten auch gleichzeitig Abfahrten am Feldberg, Stübenwasen oder Schauinsland ausprobieren.

Oben: Schön in der Reihe aufgestellt. So lauscht man dem schon etwas gesetzten Skilehrer mit sportlicher Schlägermütze und schaut beim Üben des Schneepflugs oder Stemmbogens kritisch zu. Skianzüge gab es noch nicht: Ein kurzärmliges kariertes Freizeithemd und weite Hosen genügten. Die Damen bevorzugten zusätzlich noch eine wärmende Weste.

Rechts: Noch war es nicht jedermann möglich, an jedem Wochenende in die Berge zu fahren. Ein Winterurlaub war schon etwas Besonderes und musste dementsprechend auch im Familienfotoalbum festgehalten werden, wie hier im Winter 1956. Die Skier geschultert ging es wieder bergan; denn das Angebot an Liften war noch rar – auch in der Gegend von Garmisch-Partenkirchen.

Die Stimmung auf einer Hütte, oder wie hier auf der Terrasse einer Hütte, 1958 in den Bergen über Garmisch-Partenkirchen, ist immer gut – in der Regel jedenfalls. Vor allem wenn man in einer Gruppe unterwegs ist. Und meist findet sich auch einer, der zur musikalischen Unterhaltung etwas beitragen kann. Die jungen Leute sind in ihren Keil-Skihosen und feschen Strickpullovern up to date …

Wenn man nicht in die Berge zum Skilaufen fahren konnte, bot das Eisstockschießen auf dem dorfeigenen Weiher und auf dem zugefrorenen Bach eine willkommene Abwechslung in den Wintermonaten (oben). Zwei Mannschaften mit je vier Spielern treten gegeneinander an. Ziel ist es, die Stöcke von der Abspielstelle aus möglichst nahe an die »Daube« zu werfen oder rutschen zu lassen, wobei sie innerhalb des Zielfelds bleiben müssen. In Garmisch-Partenkirchen fanden 1951 die ersten Europameisterschaften statt. Der Traum eines jeden Bergwanderers – allein im Schnee vor der Schliefferspitze im Venedigergebiet (links).

Rechts: Der Studienfreund war in den 30er-Jahren in die USA emigriert. 1953 war er zum ersten Mal wieder in seiner Heimat und machte eine ausgiebige Rundreise durch Deutschland, Österreich und die Schweiz. An der Mosel fand dann das Ehemaligen-Treffen mit den Kommilitonen statt – feucht und fröhlich, versteht sich.

Rechte Seite oben: Ein Ausflug auf den Drachenfels am Rhein 1953. Seit Ende des 19. Jahrhunderts fährt von Königswinter am Rhein eine Zahnradbahn auf den Drachenfels im heutigen Naturpark Siebengebirge. Auf der 1,5 Kilometer langen Strecke geht es über die Mittelstation an der Drachenburg (170 m) bis zur 30 Meter unterhalb der Drachenfelsruine angelegten Aussichtsplattform (289 m). Die Dampflokomotiven der Drachenfelsbahn wurden Mitte der 50er-Jahre außer Dienst gestellt und durch moderne Elektro-Triebwagen ersetzt. Trotz ihres inzwischen erneut modernisierten Unterbaus haben sie bis heute im Fahrgastraum noch den gleichen Charme wie bei ihrer Inbetriebnahme.

Rechte Seite unten: Ob an Main, Mosel oder Rhein, in allen Weingegenden gibt es in jedem zweiten Ort einen »Winzerhof«, der neben einer ausgiebigen Weinprobe mit Musik auch (frei nach dem Theaterstück von Carl Zuckmayer) einen»Tanz im fröhlichen Weinberg« bietet. Das Hotel Winzerhof hat 1953 sogar schon eine Reklame zur Werbung für die »Tanzbar« auf dem Dach.

Z
BAR
HOTEL WINZERHOF
TANZ
im
FRÖHLICHEN
WEINBERG
Rheinische
Stimmung
HOTEL-RESTAURANT
LEVEN
DORTMUNDER
Kronen-Bier
HOTEL RESTAURANT
LEVEN

Links: Freizeit-Paddler auf der Elbe zwischen Dresden und Meißen 1957. Es war ein weit verbreiteter und vergleichsweise preisgünstiger Wassersport für Jung und Alt. Ob in der Gruppe oder allein, der Blick vom Wasser aus bietet immer wieder eine abwechslungsreiche Perspektive.
Unten: Die Drahtesel waren von solider Bauart und ohne großen Schnickschnack. Die meisten Fahrräder besaßen noch keine Gangschaltung. Die Bremse am Lenker war ein großer Bügel, an dem kräftig gezogen werden musste, damit der Bremsgummi auf die Reifen kam. Das unmotorisierte Zweirad war nicht nur für die Freizeit da, sondern es diente in erster Linie für eine lange Zeit als Alltags-Verkehrsmittel, bevor man sich einen Motorroller oder gar einen Kleinwagen leisten konnte.

DU PARC
25

Rüdiger Dingemann
Jahrgang 1951, ist gelernter Verlagsbuchhändler, studierte Germanistik und Geschichte, arbeitete als Verlagslektor, war Chefredakteur für die multimedialen Microsoft Reference Produkte Encarta Weltatlas und Enzyklopädie und lebt heute als Sachbuchautor in Oberbayern.

Renate Lüdde
Jahrgang 1955, in Braunschweig geboren, studierte Architektur in München und lebt seit einigen Jahren als freie Redakteurin in Oberbayern.

Beide Autoren verfassten im Bucher Verlag bereits die Bände »Deutschland in den 50er-Jahren«, »Deutschland in den 60er-Jahren« sowie »Spurensuche – Deutschlands Osten einst & jetzt«.

Dank
Die Autoren und der Verlag bedanken sich herzlich bei allen Fotografen, Sammlern, Firmen und Institutionen, die uns ihr Material freundlicherweise zur Verfügung gestellt haben.

Einbandfotos:
Vorderseite: Persil-Waschmittelwerbung, Fernsehgerät, Curd Jürgens, Wurlitzer Jukebox, Petticoat, VW Käfer-Cabriolet.
Rückseite: »Das Mädchen Rosemarie« (Film von Rolf Thiele mit Naja Tiller, 1958), Ludwig Erhard, Die Lockhead »Super Constellation« der Deutschen Lufthansa.

Bildnachweis
Adam Opel AG, Rüsselsheim: S. 4, 58, 78, 79u.; Schutzumschlagrückseite (großes Bild); Aral AG, Bochum: S.124, 125; Marco Bertram, Berlin: S. 50–53; Horst Biernoth, Dortmund: S. 26; Bucher Verlagsarchiv, München: S. 27, 40l., 59o., 68r., 79o., 80, 82, 85l.m.,127r., 136o., 138-139, 150, 156–158, 159o.; Bundesarchiv, Koblenz: S. 36r.u.; Deutsches Historisches Museum, Bonn: S. 35l., 114r., 128u.; Franz Emlinger, Straubing: S. 47l., 121u., 136u., 161m., 165; Fomento del Turismo de Mallorca, Palma de Mallorca: S. 84, 104/105; Johannes Glöckner, Dortmund: S. 107; Haus der Geschichte der Bundesrepublik Deutschland, Bonn: S. 56u., 89, 131,151; Hermann Hajek, Freilassing: S. 85r.u., 86, 87, 123o., 123m., 142u., 143; Rudolf Heym, Ingersleben: S. 21, 30l., 38, 39, 46, 137, 166; Institut für Zeitforschung der Stadt Dortmund, Dortmund: S. 34; Mikafa Fahrzeugbau Firmenarchiv, Minden: S. 5, 122m., 122r., 142o.; Dieter Lammersdorf, Neuenkleusheim: S. 6/7, 102, 103, 132–135; Privatarchiv Lüdde/ Dingemann, Valley: 6, 17, 28o., 28u., 29, 30r, 36r.u., 43, 47u., 48, 49, 56m., 64/65, 67u., 121o., 162, 163; Michael Otto, Hamburg: S. 20; Otto-Versand Firmenarchiv, Hamburg: S: 167; Quelle Firmenarchiv, Fürth: S. 10u., 11o., 11m., 20u., 41u., 119l., 144, 145, 146u., 147–149, 152–155; Erich Reinheckel, Dresden: S. 164; Reisebüro Schmidt, Wolfenbüttel: S. 126, 127l.; Rheinländer Wartburgfreunde: S. 36r.o.; Rotel Tours, Tittling: S. 92u.; Sammlung Stratomeier, Barsinghausen: S. 120r.; Helmut Säuberlich, Wuppertal: S. 109, 129; Dr. Michael Schmidt, Neufahrn: S. 61r., 120o., 159u., 160, 161o, 161u.; Verena Schmidt, Neufahrn: S. 81; Prof. Hans-Joachim Schreckenbach, Potsdam: S. 12/13, 22–25, 72–75; Matthias Schulze-Kriketerp (secretmedia), Düsseldorf: S. 94, 95; Stiftung Christliches Erholungsheim »Westerwald«, Rehe: S. 140, 141; TUI AG Firmenarchiv, Hannover: S. 4, 8, 9, 10o., 11u., 14/15, 16, 18, 19, 20o., 28l., 31-33, 36l., 36r.o., 37, 40r., 41o., 40r., 42l., 44, 45, 47r., 57, 59u., 60 61l., 68l., 69, 70, 71, 76, 77, 83, 84, 85o., 90, 91, 92o., 93, 96, 97, 98–101, 106, 108l., 110, 111, 112, 113, 114l., 116–118, 119r., 130,146o. Schutzumschlagrückseite (kleines Bild); Eric Welch, Nürnberg: Schutzumschlag Vorderseite und S. 3.
Alle Angaben dieses Werkes wurden von den Autoren sorgfältig recherchiert und auf den aktuellen Stand gebracht sowie vom Verlag geprüft. Für die Richtigkeit der Angaben kann jedoch keine Haftung übernommen werden.

Für Hinweise und Anregungen sind wir jederzeit dankbar. Bitte richten Sie diese an:
C. J. Bucher Verlag
Produktmanagement
Postfach 80 02 40
D-81673 München
lektorat@bucher-verlag.de

Konzeption: Rüdiger Dingemann und Renate Lüdde, Joachim Hellmuth
Textlektorat: Anke Höhne
Graphische Gestaltung:
Frank Duffek, München
Herstellung: Bettina Schippel
Technische Produktion:
Repro Ludwig, Zell am See
Printed in Italy by Printer Trento

Die Deutsche Bibliothek — CIP Einheitsaufnahme
Ein Titeldatensatz für diese Publikation ist bei Der Deutschen Bibliothek erhältlich.

ISBN 978-3-7658-1573-7